Mitologia di
L O S T

Francesca Piombo

ISBN 978-1-326-20375-7

9 781326 203757

In copertina: Shambhala

"We shall not cease from exploration
And the end of all our exploring
Will be to arrive where we started
And know the place for the first time".

T. S. Eliot – Little Gidding

"Il Signore è il mio pastore
non manco di nulla,

su pascoli erbosi mi fa riposare,
ad acque tranquille mi conduce.

Mi rinfranca, mi guida per il giusto cammino,
per amore del suo nome.

Se dovessi camminare in una valle oscura,
non temerei alcun male, perché tu sei con me.
Il tuo bastone e il tuo vincastro
mi danno sicurezza.

Davanti a me tu prepari una mensa
sotto gli occhi dei miei nemici,
cospargi di olio il mio capo.
Il mio calice trabocca.

Felicità e grazia mi saranno compagne
tutti i giorni della mia vita e
abiterò nella casa del Signore
per lunghissimi anni".

Mr. Eko ne "Il Salmo 23"

INDICE

PREMESSA

Ho iniziato a guardare LOST per caso, in una serata di fine inverno del 2006 quando, indecisa sul cosa seguire in televisione, mi sono imbattuta in questo telefilm seriale americano, scaturito dalle menti di Jeffrey Jacob Abrams, Damon Lindelof, Jeffrey Lieber e Carlton Cuse ed imperniato su una storia a prima vista non proprio originale, dato che avrebbe potuto inserirsi facilmente in quel genere definito "catastrofico", sempre molto caro alla filmografia americana.

Il racconto prende il via dalle conseguenze dello schianto del volo di linea "815" dell'Oceanic Airlines, in rotta il 22 settembre del 2004 da Sidney a Los Angeles che, per un'improvvisa turbolenza, perde quota e precipita, catapultando i suoi 324 passeggeri su un'isola tropicale, sconosciuta alle mappe ed apparentemente disabitata, nel bel mezzo del Pacifico meridionale.

Dei 48 passeggeri sopravvissuti, seguiremo le sorti soltanto di alcuni di loro, i *Losties* (Dispersi), seguiremo le loro vicissitudini, imperniate soprattutto sul loro desiderio di "tornare a casa", che diventerà il light motive portante della Serie fino alla sua conclusione.

Dal primo istante in cui ho iniziato a guardare il telefilm, ho capito che mi trovavo di fronte ad un prodotto innovativo, assolutamente particolare e soprattutto diverso non solo dai prodotti seriali della nostra televisione italiana o di quella occidentale in genere, ma anche da quelli a cui ci ha abituato da tempo la filmografia americana.

Infatti, al di là della storia di cui non potevo ancora comprendere pienamente la portata perché quello che stavo guardando era soltanto l'episodio "Pilota", mi sono subito resa conto che le emozioni che mi cedeva, scena dopo scena, fotogramma dopo fotogramma, erano diverse da quelle con cui di solito seguivo qualsiasi genere di film o telefilm proposto dalla televisione contemporanea internazionale.

C'era in LOST qualcosa che andava al di là del tempo e dello spazio e che pescava direttamente in un mondo mitico ed allegorico universale, senza che ciò impedisse di sentirlo contemporaneamente in contatto con una dimensione psichica interiore, privata e personalissima.

C'era in LOST qualcosa che mi spingeva a non curarmi troppo dei primi segnali che il telefilm trasmetteva, facilmente inquadrabili in quel tipo di produzione americana così sensibile alla spettacolarità delle immagini, ma a capire di stare partecipando a qualcosa di diverso e soprattutto innovativo. Infatti, attraverso la lettura dei molti simboli che la Serie fin dall'inizio proponeva, si poteva cogliere un concetto nuovo se pur antichissimo di interpretare le motivazioni dell'esistenza dell'uomo sulla terra, in un viaggio esplorativo non solo di conoscenza, ma soprattutto di analisi e di scoperta interiore.

I proventi dei Diritti d'Autore saranno devoluti a Telefono Azzurro

LA STORIA

La trama iniziale di LOST è abbastanza semplice ed almeno nella dinamica iniziale già vista: si tratta di un disastro aereo che coinvolge un gruppo di persone, quasi tutte estranee l'una all'altra, che precipitano su di un'isola apparentemente deserta e che poi si rivelerà abitata dalla comunità che i *Losties* chiameranno "The Others" "Gli Altri", che operano su quelle che erano state le postazioni del cosiddetto *Progetto Dharma*, (*Department of Heuristics And Research on Material Applications*, "Dipartimento di Euristica e Ricerca su Applicazioni Materiali"), della *Dharma Iniziative*, che aveva come scopo quello di riunire scienziati di tutto il mondo e dal libero pensiero che, attraverso l'approfondimento di tematiche facenti capo all'antropologia, alla biologia, alla psicologia, alla zoologia e all'elettromagnetismo, avrebbero dovuto portare avanti una ricerca   tale da cambiare la formula di un'equazione matematica che il personaggio immaginario *Enzo Valenzetti* aveva elaborato e sviluppato nel 1962, per far sì che le ostilità che c'erano in quel momento storico tra Stati Uniti e Repubblica Sovietica non degenerassero in una catastrofe mondiale: "It predicts the exact number of years and months before humanity extinguishes itself" ("L'equazione predice l'esatto numero di anni e mesi prima che l'umanità distrugga se stessa").

Il *Progetto Dharma* aveva lo scopo di modificare i numeri fondamentali di questa equazione (4,8,15,16,23,42) con l'introduzione, la sottrazione o il cambiamento del valore di una delle sue variabili, in maniera tale da impedire che si verificasse "la fine del mondo".

Come si vede, da una tipologia di telefilm abbastanza semplice si è passati nell'arco di sei Stagioni ad un tessuto più articolato, perché le vicende dei sopravvissuti si sono fatte sempre più complesse e non più esclusivamente inquadrabili in un'ottica razionale e scientifica, ma anche metafisica e simbolica. Questo perché la Serie si è allargata via via a tematiche religiose, filosofiche, psicologiche ed umanistiche che, seppur già presenti fin dalla Iª Stagione, sono state approfondite in quelle successive, dando a LOST una veste nuova che invitava ad analizzare gli argomenti più svariati e soprattutto diversificati tra loro.

Fin dalle prime battute, mi è parso di rintracciare un forte messaggio simbolico proprio con l'introduzione del contrasto tra l'habitat proposto, la bellissima isola di Hoau nelle Haway dove è stato girato l'80 per cento delle scene, ed il luogo del disastro; una netta spaccatura tra la bellezza della natura, dove il mare si staglia sullo sfondo evocando pace e tranquillità e le conseguenze drammatiche dello schianto, che sembra stravolgere all'improvviso questa pace incontaminata: rottami ovunque, fumo ed oggetti di ogni tipo sparsi tutt'intorno e grida e disperazione e stupore negli occhi dei sopravvissuti; una contrapposizione netta tra la vista di una natura rigogliosa e lussureggiante e lo sgomento attonito dei superstiti, assolutamente increduli per il dramma che si spalanca davanti ai loro occhi.

E' già nel "Pilota" che ci vengono presentati i personaggi principali, quelli che accompagneranno lo spettatore fino alla fine; ci vengono presentati i loro stati d'animo, tirati tra la speranza di essere presto avvistati e soccorsi e la graduale consapevolezza che non ci sarà alcun salvataggio, che dovranno battersi tra mille pericoli e nemici invisibili per difendere se stessi e la propria incolumità.

E' per questo che cambieranno gradualmente anche i loro atteggiamenti: dopo essere passati dalla diffidenza e dall'incapacità di contare l'uno sull'altro proprio perché sconosciuti l'uno all'altro, i *Losties* riscopriranno gradualmente una nuova umanità, sia nel senso di fratellanza e solidarietà che giorno dopo giorno li legherà sempre di più tra loro, sia nel bisogno di collaborare e restare uniti, perché sentono che solo restando uniti potranno superare quel momento di confusione e di sbandamento che stanno attraversando.

E lo spirito di fratellanza che pervade LOST è ben descritto in un'intervista fatta a Jack Bender, uno dei registi e produttore esecutivo della Serie: "Per certi versi LOST è stato lo show giusto al momento giusto. Nella società americana, quella del post 11 settembre, il messaggio proposto dalla serie poteva essere: come vivere all'interno di un gruppo sociale composto da persone che non si conoscono. Il multi-etnico, variegato ed eccellente cast di LOST costituisce un gruppo di attori che credo non si sia mai visto nella storia della televisione, dove i personaggi sono impegnati nella ricostruzione della nuova socialità che si impone dopo una catastrofe, portandosi appresso i bagagli del proprio passato, le proprie credenze, le proprie vite. Forse anche la nostra società, in questo momento, sta vivendo all'interno di un'isola".

GLI ARCHETIPI LOSTIANI

Nella trama di LOST e nell'entrare in contatto con i vari personaggi, si può notare fin dalle prime battute un dispiegarsi molto nitido di tipologie psicologiche e comportamentali per così dire universali, che potrebbero essere affiancate agli "Archetipi dell'inconscio collettivo" teorizzati da Carl Gustav Jung (1875-1961), il filosofo svizzero discepolo di Freud e padre della "Psicologia analitica del Profondo", che ha ampliato il concetto d'inconscio e dato un valore particolare al termine "Archetipo", inteso come modello psicologico universale in cui l'individuo è automaticamente spinto ad identificarsi nell'esperienza di vita.

Già Freud agli inizi del '900 aveva descritto l'inconscio come un'area specifica della psiche in cui, a partire dall'infanzia, attraverso i principali meccanismi di difesa della mente, la Negazione, la Repressione e la Rimozione, si era depositato tutto un complesso di istinti, ricordi, fantasie, pulsioni e sensazioni spiacevoli che entravano in conflitto con l'educazione o la morale comune e per questo venivano repressi e congelati in questa sorta di contenitore temporaneo della psiche, da cui sarebbero stati ripresi più avanti, quando l'Io fosse stato pronto a gestirli in maniera razionale, senza provare quella sofferenza che risultava insostenibile in quell'età così precoce.

L'inconscio personale quindi, la grande intuizione freudiana, è sostanzialmente un'area psichica legata di solito a sentimenti e percezioni che rimandano al vissuto familiare e sociale, nonché alle condizioni ambientali, religiose e culturali in cui sono state fatte le prime esperienze emotive. Ma Negazione, Repressione e Rimozione e tutti gli altri sistema di difesa della mente, come per esempio la Razionalizzazione, la Fuga o la Dimenticanza, continuano ad agire sull'individuo producendo energia psichica (*libido*) anche nell'età adulta, nell'attimo in cui l'Io civilizzato, sotto la spinta di sentimenti conflittuali, si nega all'incontro con questa sfera ignota, che continua a rimanere inconscia fino alla sua manifestazione.

Scrive Jung nel suo "La psicologia dell'inconscio": "Tutti gli impulsi, pensieri, desideri e tendenze che si oppongono all'andamento razionale della vita quotidiana sono elementi cui si nega la possibilità d'espressione che vengono relegati nel sottofondo e finiscono col cadere nell'inconscio. In esso si trova tutto ciò che è stato rimosso e represso, che è stato deliberatamente ignorato e svalutato e che, accumulandosi a poco a poco, col tempo acquista tanta forza da cominciare ad esercitare un influsso sulla coscienza."[1]

Ma se Sigmund Freud collegava queste rimozioni esclusivamente a blocchi di origine sessuale e più avanti Alfred Adler a ciò che lui definiva l' "istinto di potenza", Jung ne rintracciava i motivi in pulsioni e sentimenti contrari e di varia natura che riguardavano campi d'applicazione molto vasti, in grado di produrre una grande quantità d'energia che spingeva la mente a trovare un bilanciamento tra pulsioni e bisogni opposti ma ugualmente indispensabili, fino al punto d'integrare ed armonizzare le due dimensioni.

Ne consegue che la visione junghiana della libido, che conferma ed amplia l'intuizione freudiana, porta alla conclusione che l'energia psichica ha bisogno della lotta tra i contrari per dare il meglio di sé: le passioni, gli stati d'animo, le contraddizioni e i paradossi che si generano nella psiche di fronte a bisogni opposti ma contemporaneamente indispensabili, nonché il conseguente desiderio di risolverli per allentarne la tensione, sono il necessario presupposto a che si crei quella spinta propulsiva, quella corrente energetica necessaria ad elaborare le cariche distruttive degli opposti trasformandole in creative, in un moto continuo e perenne di ascensione. Infatti, se da una parte si deve riconoscere l'impossibilità da parte della coscienza di poter integrare completamente l'inconscio per il mistero stesso che impregna la vita, è proprio l'energia psichica il presupposto che spinge a non fermarsi, ad andare avanti, per approdare a stadi superiori dell'essere, in un continuo sforzo di miglioramento e trasformazione.

La grande intuizione junghiana è anche quella di aver ipotizzato oltre alla presenza di un inconscio personale una dimensione sovrapersonale, che lui ha definito "inconscio collettivo", un substrato psichico innato, una fonte originaria arcaica che affonda le sue radici nell'alba dei tempi e che, preesistendo all'Io stesso, condiziona ed orienta i comportamenti individuali, nonostante la barriera razionale prodotta della coscienza.

Leggiamo ancora Jung: "Possiamo distinguere un inconscio personale che comprende in sé tutte le acquisizioni dell'esistenza personale, dunque cose dimenticate, rimosse, percepite, pensate e sentite al di sotto della soglia della coscienza.

[1] C. G. Jung, La psicologia dell'inconscio, Grandi Tascabili Newton, Roma 1989, pag. 150

Accanto a questi contenuti inconsci personali esistono però altri contenuti che non provengono da acquisizioni personali, ma dalla possibilità di funzionamento che la psiche ha ereditato, cioè dalla struttura cerebrale ereditata. Queste sono le trame mitologiche, i motivi e le immagini che in ogni tempo e luogo possono riformarsi indipendentemente da ogni tradizione e migrazione storica. Questi contenuti io li denomino "collettivamente inconsci". L'esperienza ci insegna che anche i contenuti inconsci, al pari di quelli coscienti, sono impegnati in una determinata attività". [2]

Potremmo a questo punto vedere l'inconscio collettivo come una specie di "pozzo" dove si sono stratificati a partire dai primordi della vita dell'uomo le esperienze del genere umano, i modelli originari del comportamento, gli Archetipi, entità non concrete, a-temporali ed a-spaziali che contengono i contrari e che agiscono sulla psiche attraverso immagini con altrettanti significati, mentre spingono la mente verso identiche reazioni, al di là di ogni differenza di cultura, stato sociale, appartenenza etnica, razza o religione.

Questo implica anche che l'inconscio collettivo non sia assoggettato a regole spazio-temporali a tal punto che l'uomo, nell'entrare in contatto con questa dimensione psichica, può trascendere la sua storia personale ed agganciarsi direttamente alla storia di tutta l'umanità. Questo perchè l'inconscio racchiude in sé il passato e il presente della persona, ma in nuce anche il suo futuro, perché è in quest'area che saranno anticipati i futuri processi a cui darà vita la mente conscia. In più, l'inconscio è duale e contiene ogni aspetto della natura umana nella sua polarità: maschile e femminile, positivo e negativo, materiale e spirituale e tutti quei contrari che si alternano nella psiche umana dall'alba dei tempi. Dei due poli, uno è strettamente legato all'istinto e al corpo, l'altro rientra nella sfera spirituale dell'essere.

Ed è questo il motivo per cui i miti, le fiabe, le leggende ed i riti dei popoli più antichi precedono la storia stessa ed hanno tutti una matrice universale che li accomuna e che può essere attivata e contattata dall'individuo attraverso la funzione simbolica della mente.

---

[2] C. G. Jung, Tipi psicologici, Opere, vol. 6, Bollati Boringhieri, Torino 1968, pagg. 460-463

Leggiamo ancora Jung: "Ciò che noi chiamiamo simbolo è un termine, un nome o anche una rappresentazione che può essere familiare nella vita di tutti i giorni e che, tuttavia, possiede connotati specifici oltre al suo significato ovvio e convenzionale. Esso implica qualcosa di vago, di sconosciuto o di inaccessibile per noi. [...] Una parola o un'immagine è simbolica quando implica qualcosa che sta al di là del suo significato ovvio ed immediato. Quando la mente esplora il simbolo, viene portata a contatto con idee che stanno al di là delle capacità razionali". [3]

Si può ricordare che la funzione simbolica della mente è collegata all'emisfero destro del cervello, che elabora i contenuti connessi alla percezione delle emozioni e di ciò a cui rimandano i sensi. E' collegata alla fantasia, al sogno, alle attitudini artistiche e musicali, alla poesia, all'intuizione. Diversamente, l'emisfero sinistro elabora le connessioni logiche e verbali, attraverso la ragione, la parola e la linearità del pensiero. Attraverso quella che Jung definiva *Funzione Trascendente*, uno stadio mediale che si può creare tra gli opposti grazie alla capacità immaginativa della mente, ci si può avvalere del messaggio simbolico per collegare ed armonizzare le polarità o gli antagonismi della psiche, superare le contrapposizioni che esistono tra bisogni opposti ed aprire alla possibilità che collaborino tra loro.

Indispensabile quindi per attingere a questo pozzo dell'inconscio collettivo in cui sono andati a confluire emozioni ed istinti dell'esperienza umana nei secoli, è saper leggere il simbolo, (dal greco, *sun-ballein*: mettere insieme), l'unico che possa traghettare la mente verso dimensioni più sottili, verso intuizioni spontanee, che altrimenti non si genererebbero se l'approccio fosse soltanto razionale.

E gli archetipi sono essi stessi dei simboli, delle energie primarie degli istinti primordiali da cui hanno origine i comportamenti stessi e la modalità di espressione di ogni individuo.

Il principale archetipo junghiano è il "Sé" ed occupa il centro della psiche. Infatti, se l' "Io" è il riassunto della personalità cosciente, il "Sé" è l'insieme di quella cosciente e di quella inconscia, è l'impulso o la motivazione innata che spinge la persona a completarsi e realizzare se stessa.

---

[3] C. G. Jung, *L'uomo e i suoi simboli*, Edizioni Tea, Milano 2004, pag. 5

Gli altri archetipi che vi si dispongono intorno sono a due a due ed opposti tra loro: "Maschile-Femminile", "Nemico-Eroe", "Morte-Rinascita". Da questi modelli basilari prendono vita altri archetipi con caratteristiche più specifiche: il "Maschile" contiene per esempio l'archetipo del "Grande Padre" ed il "Femminile" quello della "Grande Madre" e via dicendo. Basilari sono poi i due archetipi di "Animus" ed "Anima" e di "Luce" ed "Ombra". L' "Animus" è un archetipo attivo che esprime la parte maschile della psiche, quella che ragiona, propone, agisce e lotta per conquistare ciò che vuole, così come l' "Anima" è un archetipo ricettivo, è la parte femminile che vuole dipendere e creare legami affettivi, che vuole emozionarsi e relazionare. Allo stesso modo la "Luce" è la parte cosciente della psiche che contiene il riassunto delle proprie qualità positive di cui l'individuo è consapevole e di cui potrà servirsi per raggiungere le sue mete, così come l' "Ombra" è il deposito dei contenuti inconsci, dei complessi e delle tematiche inferiori che devono essere illuminati dalla coscienza per poter disporre dell'energia trasformativa che si trova bloccata ed inutilizzata al loro interno.

A questo punto LOST potrebbe essere un gran contenitore di archetipi, grazie ai quali si può leggere in maniera allegorica l'intera storia e partecipare all'evoluzione psicologica dei personaggi che agiscono, esprimono e vivono le loro emozioni, mentre mettono in luce tutta la loro umanità, fatta di eroismo e contemporanea fragilità, offrendoci di se stessi uno spaccato psicologico che non è mai fisso o stereotipato ma in continua evoluzione, chiaramente al passo con quello che propone la storia ed in linea con l'esperienza individuale del momento che stanno vivendo.

E nella sapienza del tratteggio dei personaggi secondo molti degli archetipi junghiani, si rintracciano con semplicità ma indubbia efficacia descrittiva anche molte delle tipologie che fanno capo ai modelli della mitologia classica e degli dei dell'Olimpo greco, in una continua e scambievole sinergia che dà vita a profili psicologici di alta intensità espressiva, capaci di suscitare nello spettatore un'immediata immedesimazione col personaggio a lui più vicino, con quello in cui gli sembra di poter facilmente identificare e riconoscere se stesso. D'altra parte, l'archetipo non è mai fisso perché si personalizza e s'individua attraverso un processo osmotico continuo strettamente collegato all'esperienza individuale.

Scrive Jung: "L'archetipo è come un vaso che non si può svuotare né riempire mai completamente. In sé esiste solo in potenza e quando prende forma in una determinata materia non è più lo stesso di prima. Esso persiste

14

attraverso i millenni ed esige tuttavia sempre nuove interpretazioni. Gli archetipi sono elementi incontrollabili dell'inconscio, ma cambiano forma continuamente". [4]

Lo stesso avviene per LOST, in cui tutti gli archetipi ed i modelli rintracciabili nei vari personaggi hanno in se stessi un'energia dinamica inarrestabile che consente loro di evolvere, di trasformarsi in tipologie più complesse o del tutto innovative rispetto a quella che era la dominante caratteriale rappresentata nel tratteggio iniziale proposto dalla storia. Un'evoluzione ed un cambiamento a cui partecipa attivamente lo spettatore stesso, che si ritrova proiettato su questo palcoscenico virtuale in cui spesso è costretto a rivedere le sue interpretazioni, le sue preferenze iniziali verso questo o quel personaggio, che non è più lo stesso ma in continuo divenire.

E' forse per questo che gli Autori parlano di "Mitologia di LOST", proprio a significare non solo la matrice mitica ed archetipica universale da cui potrebbero essersi ispirati nel tratteggiare i caratteri maschili e femminili della storia, ma forse anche la loro intenzione di creare un prodotto nuovo che, pur affondando le radici nel mito, si proponesse comunque di umanizzarlo e dare vita ad un mondo di personaggi originalissimo e allo stesso tempo universale. L'espediente di inserire flash back, flash forward e con la VIª Stagione flash sideway nella vicenda, si potrebbe ricondurre proprio a questo tentativo di movimentare l'archetipo di fondo dei vari personaggi, facendoceli vedere in un momento del *passato*, che li ha portati ad un certo comportamento nel *presente* e che condizionerà inevitabilmente il loro *futuro*, seguendo quasi un movimento circolare a serpentina che potrebbe stare alla base del desiderio di redenzione e di salvezza che c'è in ognuno di loro.

C'è quindi in LOST, più che la storia in sé e per sé, questa capacità di "farsi mito", un nuovo mito dove lo spettatore diventa lui stesso l'eroe o l'eroina che recita sulla scena interagendo con i suoi beniamini, come se la storia fosse stata scritta e girata apposta per lui; come se potesse in quell'ora di spettacolo televisivo salire lui stesso sul teatro virtuale di LOST, conoscersi, ri-conoscersi e partecipare con i personaggi della storia ad una meravigliosa metafora della vita.

---

[4] C. G. Jung, Prolegomeni allo studio scientifico della mitologia, Bollati Boringhieri, Torino 1964, pag. 146

"Vivere insieme, o morire soli"

Jack Shephard, interpretato dall'attore Matthew Fox, è un neurochirurgo spinale e nel suo personaggio si possono rintracciare diversi archetipi, psicologici e divini.

E' sicuramente il protagonista principale della Serie, il personaggio attorno al quale ruota e si snoda fin dall'inizio l'intera vicenda.

Il suo precipitare sull'Isola, seguito dal suo rendersi conto di essere ancora vivo e solo impercettibilmente ferito, colto ed immortalato nel suo occhio spalancato che apre la Serie e che si perpetuerà anche in altri personaggi come un simbolo fisso di stupore e presa di coscienza in molti episodi lungo le Stagioni, è un momento di grande partecipazione emotiva, in cui poche ma efficaci immagini trascinano lo spettatore nel vivo dell'azione: un palcoscenico di devastazione, di rovina e di morte, ma anche di speranza e consolazione per i sopravvissuti, che si rendono conto immediatamente di essere sfuggiti ad un disastro senza pari, ma nello stesso tempo che dovranno inventarsi un altro genere di vita.

Jack Shephard sarà la guida a cui i sopravvissuti faranno riferimento fin dai primi momenti che seguiranno al disastro. Lui sarà sempre con loro, fino alla fine, consapevole del ruolo che i suoi stessi compagni tacitamente gli hanno affidato, perché inconsciamente certi che solo lui ha la capacità di guidarli dove loro stessi vogliono andare e di diventare ciò che loro stessi, anche se inconsciamente, vogliono diventare.

L'ARCHETIPO DEL "SALVATORE"

Tra tutti gli archetipi che abitano l'inconscio collettivo, quello che rimarrà come una costante di Jack Shephard per tutta la sua storia è certamente quello del "Salvatore" perché è così che lui ha sempre interpretato la sua professione di medico.

E' il primo personaggio che vediamo aggirarsi confuso sul luogo del disastro e sarà anche colui che continuerà fino alla V^a Stagione ad incoraggiare e spronare i sopravvissuti a mantenere alta la speranza, con l'unico scopo finale di poter lasciare un giorno l'Isola e finalmente "tornare a casa".

Sarà solo con la VI^a Stagione che lui comprenderà lo scopo della sua missione, anche se dovrà lottare a lungo contro la sua razionalità, la dote più importante che riconosce in se stesso e a cui si ancorerà senza alcun dubbio, almeno fino alla fine della V^a Stagione.

Jack è anche il prototipo del puro, nobile ed incontaminato "Eroe" che fin da piccolo ha rivelato questa sua indole di bontà e sensibilità, quando si è trovato nella necessità di difendere senza riuscirci il suo migliore amico dalla prepotenza di due ragazzi più grandi di lui, traendo da questa sconfitta un grande senso d'umiliazione e d'impotenza, non tanto per il fallimento personale provato per non esservi riuscito, quanto per aver deluso suo padre Christian, anche lui medico chirurgo, che commenterà così quella potenzialità da lui sprecata nell'episodio I/5: "The white rabbit" ("Il coniglio bianco"): "Non hai quel che ci vuole per essere considerato un eroe dalle altre persone".

Tutto l'opposto di quello che era convinto d'essere lui, quando trovandosi quotidianamente davanti a decisioni difficili da prendere nel suo lavoro di medico, anche quando falliva il suo obiettivo, poteva tollerarne le conseguenze "perché avevo gli attributi per farlo" spiegherà al figlio, "a differenza di te che non ce l'hai".

E' interessante notare come gli autori di LOST non si siano mai limitati a tracciare delle semplici storie personali. Stagione dopo Stagione i *Losties* hanno acquistato una profondità e uno spessore psicologico sempre più accurati, attraverso l'espediente di tratteggiare alcuni eventi salienti della loro infanzia che si sarebbero poi rivelati molto illuminanti per comprendere meglio la psicologia dei personaggi, le motivazioni dei loro comportamenti e le scelte fatte sull'Isola, che li avrebbero gradualmente portati ad evolvere, attraverso una sofferta maturazione interiore.

E' per questo motivo che nella figura di Jack Shephard potrebbero entrare a buon diritto anche le dinamiche psicologiche inconsce che muovono gli intenti delle scelte, quando spingano l'individuo ad osare l'impossibile proprio per testare i confini del suo potere personale e vedere fino a che punto sia capace di superare se stesso e vincere una prova, ma anche quando nascondano giù nel profondo un desiderio di rivalsa che parte da lontano e che possa in qualche modo sanare una ferita sul senso di valore personale e sull'autostima, che fin dall'infanzia stenta a guarire.

In Jack c'è soprattutto l'ossessione di dimostrare la sua capacità nel risolvere tutte le situazioni, anche le più complicate che gli presenta la vita sull'Isola, perché è convinto d'essere l'unico che può garantire una strada di salvezza che gli altri non possono trovare. Lui solo sa quello che bisogna e non bisogna fare in ogni circostanza e non gli importa di apparire ostinato, disumano o spietato, se questo è il prezzo che deve pagare per raggiungere il suo scopo.

Così, lo vediamo compiere anche quei "miracoli" che il modello archetipico da lui impersonato si porta dietro come costante: prima di precipitare sull'Isola infatti, la sua professione di medico, scelta forse per competere o rivalutare se stesso agli occhi del padre, lo mette spesso nelle condizioni di poter "dare la vita o la morte" alle persone che deve soccorrere, prima fra tutti la sua futura moglie Sarah, interpretata dall'attrice Julie Bowen che, coinvolta in un pauroso incidente stradale, rischierà di perdere per sempre l'uso delle gambe.

E Sarah guarderà a Jack come ad un dio, convinta che lui sia nelle condizioni di poterla guarire ma soprattutto di poterla amare, dopo la cocente delusione sentimentale che lei proverà in seguito all'incidente. Per lei, Jack farà l'impossibile ed andrà al di là del miracolo fisico perché si innamorerà di lei, più perché nei suoi occhi vedrà rispecchiato il lato più bello del suo nobile cuore, che per un reale sentimento d'amore.

Infatti, proprio quando l'idealizzazione più grande si farà toccare nell'incanto della storia e nella fiducia che entrambi gli innamorati riporranno l'uno sull'altro, dopo che si saranno abbandonati al sogno più bello nel giorno delle loro nozze, in cui si giureranno fedeltà ed eterno amore, ecco che si farà largo piano piano nella storia un senso di alienazione profonda: in Jack che non riuscirà a non farsi assorbire completamente dal suo lavoro di medico e dall'archetipo di 'Salvatore' in cui si è totalmente identificato e in Sarah che, delusa e immersa nella solitudine della sua nuova vita quotidiana, si renderà conto di essersi innamorata soltanto di un ideale, di chi le aveva ridato la vita, ma non era automatico potesse ridarle l'amore.

Ma le loro fragilità, le loro paure ed i tentativi che fanno per migliorare il rapporto ce li rendono vicini e soprattutto cari, perché ci illustrano il conflitto interno che spesso l'uomo sperimenta tra l'essere se stesso quando scelga in piena libertà ed il rispondere invece a condizionamenti antichi che forzano ancora le sue scelte, che siano essi familiari, sociali o morali.

La fuga di Jack da quei tormenti d'amore, l'intima inquietudine e il senso di scontentezza che lo accompagnano durante tutte le Stagioni e che raggiungono l'apice nel flashforward finale della III^a in cui non sembra più padrone di se stesso ma vittima delle sue più oscure ossessioni, lo spingeranno ad imbarcarsi sul volo "815" da Sidney a Los Angeles per riportare in America la salma del padre morto, in un viaggio simbolico alla ricerca di se stesso, che lo metterà in contatto con quelle persone, i nuovi compagni dell'Isola che per lui non sono fratelli, né familiari, né amici, ma che da quel momento in poi condivideranno il suo stesso destino, secondo un sistema di connessioni che legano un personaggio all'altro casualmente, ma che si rivelerà determinante perché il destino dell'uno possa trovare un aiuto proprio perché partecipa alla risoluzione del destino dell'altro.

E questo è l'altro grande spunto innovativo che racchiude questa Serie americana: sull'Isola, a parte alcuni casi di parentela, i sopravvissuti non si conoscono, tra loro non ci sono legami familiari, né appartenenze etniche o sociali, i legami sono lontano e quello che conta sono le nuove alleanze, le nuove fratellanze, ma anche quell'impressione che ognuno di loro ricava dall'attuale situazione che li vuole partecipi ad un'esperienza collettiva, un destino comune che li vede "tutti sulla stessa barca" in cui ognuno passa alternativamente dalla condizione di salvato a quella di salvatore e con la percezione esatta che è necessario collaborare e restare uniti, tanto che non si fa nulla se non lo si fa insieme e non si salva nessuno se non si salvano tutti.

"Se non riusciamo a vivere insieme, moriremo soli", dirà Jack Shephard ai sopravvissuti nel I/5: "The white rabbit" ("Il coniglio bianco"), un detto ripetuto più volte durante il corso del racconto e che verrà tenuto presente come una parola d'ordine da parte di tutti fino alla fine.

19

L'ARCHETIPO DEL "PADRE"

L'archetipo del "Salvatore" che si può rintracciare in Jack Shephard viene affiancato dall'altro grande modello psico-mitologico che ritroviamo come una costante in LOST: l'Archetipo del "Padre" e la tematica principale che vibra in tutta l'opera è sicuramente quella che riguarda lo scontro generazionale tra padri e figli ed il necessario superamento.

Questa tematica si riallaccia direttamente al grande mito greco della creazione riportatoci da Esiodo nella sua *Teogonia* in cui Urano, il Padre Cielo, si univa continuamente con Gea, la Madre Terra, generando figli che a lui sembravano sempre non solo imperfetti, ma addirittura mostruosi: i Titani, i Ciclopi e gli Ecatonchiri, giganti dalle cento mani.

Quando un oracolo gli profetizzò che uno dei figli lo avrebbe detronizzato e si sarebbe insediato al posto suo, Urano decise di esiliare i Titani e i Ciclopi nel *Tartaro*, un luogo di pena e d'espiazione ed impedì di nascere ai nuovi figli che concepiva, costringendoli a restare sepolti nelle viscere della Madre Terra.

A quel punto Gea, non sopportando più il peso di questa situazione, si rivolse al figlio Cronos, Saturno per i Romani, che si ribellò al padre, lo castrò ed iniziò a regnare al posto suo.

Divenuto a sua volta padre, Cronos, anche lui avvisato da un oracolo della perdita del potere ad opera di un figlio, peggiorò il comportamento del padre perché non si limitò a tenere i figli concepiti con la moglie Rea dentro le viscere della terra, ma addirittura li divorò, tenendoli ingoiati nella sua stessa pancia.

In ordine Cronos divorò Estia, Demetra, Hera, Ade e Poseidone.

Inorridita da questo modo di fare, Rea decise di nascondergli l'ultimo nato Zeus, sostituendolo con una pietra che diede da ingoiare a Cronos; allontanò quindi in fasce il neonato, perché fosse allevato altrove e non subisse la stessa sorte iniqua capitata ai fratelli. A quel punto Zeus, una volta adulto, tornò per liberare i fratelli ingoiati: squarciò infatti la pancia del padre e tirò fuori uno ad uno gli altri dei, da cui fu proclamato unico Signore e massima divinità dell'Olimpo tutto. Cronos, dal canto suo, fu lasciato dal mito nell'oblio per molto tempo, fin quando non lo ritroveremo più avanti in qualità di Re autorevole e saggio nella così detta "Età dell'Oro", durante la quale gli uomini lavoravano e raccoglievano i frutti del loro lavoro, perché erano ormai riusciti a rispettare e comprendere i cicli della Natura.

Si tratta quindi di un mito archetipico basato innanzitutto sullo scontro generazionale, ma anche sul desiderio innato che spinge l'uomo a realizzare se stesso e la propria individualità, a costo di lottare contro ciò che è stato tramandato pedissequamente dal patriarcato, come insieme di regole a cui obbedire, anche se ritenute ingiuste e soprattutto migliorabili. I tempi archetipici riportati dal mito sono fissi e consequenziali e simboleggiano il passaggio da una fase di strapotere ed onnipotenza in cui il padre si arroga il diritto di vita e di morte sul proprio figlio, alla fase di esilio ed espiazione, per concludere con quella di saggezza ed autorevolezza, in cui la dinamica archetipica si scioglie e si risolve. Ecco perché il dio Cronos è il Signore del Tempo e in LOST il tempo lo ritroviamo come una tematica costante e ricca di materiale simbolico su cui riflettere e meditare.

Possiamo ricordare che presso gli antichi, il concetto di tempo non era riconducibile all'unico significato che gli ha assegnato il mondo occidentale, ma si divideva in due accezioni: il tempo lineare, collegato appunto a Cronos e messo in relazione con l'idea di un inizio ed una fine che si dispiegano in maniera consequenziale e il tempo Kairos, collegato al senso dell'opportunità per cui, dato un limite ben preciso e definito di tempo, si possono cogliere o non cogliere i suggerimenti della vita come occasioni positive per operare nel migliore dei modi e quindi andare avanti ed aprirsi ad un futuro migliore, oppure non coglierle, tornando indietro e regredire.

Per gli antichi greci, se è il tempo Cronos che gira la clessidra della vita, che può ricordare la grande clessidra incontrata nel I episodio dell'ultima Stagione "L.A.X", il tempo Kairos è invece la scelta, quella che può far pendere la bilancia da una parte o dall'altra, a tal punto che nel VI/11 "Happily Ever After" ("E vissero felici e contenti") ritroviamo raffigurata una bilancia in un quadro, con le pedine bianche su un piatto in equilibrio con quelle nere sull'altro, quasi come una conclusione simbolica e risolutiva dell'intera tematica.

La VIª Stagione è stata quindi particolarmente indicativa in questo senso, perché alcuni *Losties* avranno la possibilità di cogliere o non cogliere l'occasione che offriva loro l'Isola, di risolverla o non risolverla a livello evolutivo e nel "qui ed ora" dell'esperienza specifica che stavano vivendo.

A questo punto, la nozione di tempo potrebbe perdere il valore di linearità ed assumere un valore molto simile a quello di circolarità che si ritrova nelle filosofie orientali, dove l'inizio di un qualcosa non può prendere il via se non dopo che sia stata decretata la fine di qualcos'altro, che non è più in linea con la necessità di cambiamento ed evoluzione che cerca la psiche.

21

Il mito di Cronos, con i suoi tre passaggi che lo vedono da "Tiranno" ad "Esiliato" e quindi "Signore dell'Età dell'Oro", potrebbe essere letto in quest'ottica simbolica anche in LOST. Grazie all'espediente dei flashback (avvenimento precedente), dei flashforward (avvenimento futuro) e dei flash sideways (avvenimenti di un'altra dimensione), l'archetipo del "Padre" presente in tutti i personaggi maschili della Serie si trasforma in positivo: ognuno di loro infatti, a cominciare da Jack Shephard, mentre riflette su quanto è stato tramandato dall'esperienza paterna, potrà riprendere in mano la propria storia e comprendere le motivazioni di certe sue scelte.

Nel III/19 "The Brig" ("Il Brigantino") si chiederà a John Locke, uno dei personaggi più importanti della Serie, di uccidere il padre, atto che apre al simbolismo per cui all'individuo che voglia realizzare se stesso sarà chiesto di mettere in discussione l'eredità patriarcale tradizionale, per sottoporla al vaglio personale. Solo a quel punto l'uomo avrà la possibilità di costruire il proprio destino, perchè si sarà servito di quella saggezza e di quegli insegnamenti del patriarcato che ha scelto di accogliere ed avrà abbandonato quanto non è più in linea col progetto personale e con la sua realizzazione.

Ecco perché in LOST, questa dinamica simbolica dell' "uccisione del padre" assume un valore iniziatico di passaggio dall'inconsapevolezza infantile ad uno stadio di piena maturità: è la stella polare che segna la via, è il grande tema che permea LOST.

E quasi tutti i padri della storia, non solo quello di Jack Shephard, così come abbiamo visto fino alla V^a Stagione, si sono spesso dimostrati dei padri Cronos che per paura di perdere potere hanno ostacolato in un modo o nell'altro l'evoluzione dei propri figli, rifiutandoli o addirittura sfruttandoli ed abusando di loro, anche se, su tutti, campeggia il padre di Jack, Christian Shephard, interpretato dall'attore John Terry, un chirurgo molto affermato e dal grande potere personale, che ha però sempre inconsciamente cercato di sottolineare la sua supremazia rispetto al figlio, non tollerando di essere superato da lui nel lavoro e nella vita personale.

Con Jack, Christian ha sempre avuto un atteggiamento conflittuale, oscillante tra l'affetto naturale di padre e l'inconscia paura di perdere il potere e soprattutto il primato nei confronti del figlio. Inconsciamente timoroso di passare al figlio i suoi stessi conflitti, Christian non è mai riuscito ad instaurare un rapporto d'amore con lui, perché troppo ripiegato su di sé e incapace di rinunciare ad un ruolo: quello che, per il solo fatto di essere "il padre" lo voleva non superabile da parte del figlio.

E nel momento cruciale della scelta, che non poteva avvenire nell'inconsapevolezza dell'infanzia e che si riproponeva nell'età matura, Jack gli si ribellerà così come aveva fatto il dio Cronos nei confronti del padre Urano: quando dovrà decidere tra la sua coscienza personale e la difesa del padre, responsabile di aver provocato la morte della donna che stava operando perché ubriaco, Jack non esiterà a denunciarlo segnandone la rovina. Ciò lo porterà come un novello Telemaco, ad imbarcarsi sul volo "815" da Los Angeles a Sidney "alla ricerca del padre perduto", per definire se stesso e le più profonde radici del suo "essere uomo", ma anche per costruire un'immagine reale del padre, non più gravata da proiezioni ed illusorie aspettative infantili.

L'ARCHETIPO DELL' "EROE"

Si tratta di un archetipo fondamentale della filosofia junghiana che vede nel passaggio dall'infanzia all'adolescenza una tappa evolutiva, non solo dal punto di vista biologico, ma anche psicologico ed emotivo: l'adolescente sa che non può più accettare l'eredità genitoriale senza metterla in discussione ed è per questo che intraprende un viaggio di conoscenza per definire se stesso e quanto dell'eredità trasmessa sia da accogliere perché valida e da riconfermare, oppure da rifiutare perché superata, o semplicemente da perfezionare.

Ma l'archetipo dell'Eroe, nella sua parte più bella, è soprattutto la spinta a riconoscere che la realizzazione del proprio progetto individuale non può prescindere dalla volontà di operare anche per il cammino evolutivo di tutta l'umanità.

Scrive C.S.Pearson in "Risvegliare l'eroe dentro di noi": "L'Eroe può essere anche il conquistatore, l'uomo o la donna che insegue ciò che vuole – una nuova terra, la fama, la fortuna, l'amore, la libertà – e lo ottiene. Ma non è la capacità di ottenere ciò che vogliamo e di difendere i confini che ci rende, di per sé, Eroi. [...] Ciò che fa di un essere umano un Eroe è una nobiltà di spirito che si manifesta in interesse e compassione per gli altri. E' questa che porta gli Eroi a salvare le vittime. La preparazione al Viaggio richiede che ciascuno di noi sia socializzato quanto basta a funzionare positivamente nella società in cui vive e a un certo punto si separi dalla visione collettiva del mondo per sostenere valori, opinioni e desideri personali. Richiede infine che usiamo questa capacità di autonomia e indipendenza non solo per fini egoistici, ma nell'interesse della collettività".[5]

Che Jack Shephard sentisse forte la spinta a interpretare quest'archetipo dentro di sé, perchè "predestinato a compiersi", è illustrato fin dall'episodio I/5: "The white rabbit" ("Il coniglio bianco"). Inconsciamente, lui sa che la sua missione, il fare di sé un "Eroe", passa attraverso questa consapevolezza, così come attraverso la messa a fuoco dei suoi valori, del suo reale senso di responsabilità, dal latino "*respondere*", "rispondere", che non potrà essere espresso se non con il "rispondere a se stesso", più che a schemi collettivi patriarcali automatici, che imbrigliano l'individuo in un falso sé.

E l'archetipo dell' "Eroe" in Jack è già tutto nella decisione di assumersi la responsabilità d'interrompere la carriera del padre, per non rendersi complice della sue irresponsabilità e debolezze. Questo gesto tanto coraggioso quanto crudele trafiggerà a morte entrambi: il padre, che dovrà interrompere per sempre la sua professione di chirurgo e lasciare Los Angeles per volare in Australia, dove troverà la morte in circostanze oscure e il figlio, che da quel momento in poi dovrà combattere col senso di colpa per aver provocato la rovina del temuto/amato genitore. Così come l'eroe archetipico è disposto a cambiare le sue convinzioni più radicate perchè rimettono in scena dinamiche che non gli appartengono, allo stesso modo Jack Shephard dovrà rinunciare alla sua immagine di figlio riconoscente e devoto per definire la sua identità ed incamminarsi sulla via non facile ma necessaria dell'individuazione.

Il termine "Individuazione", dal latino "in-dividuo" "non diviso", viene spiegato così da C.G. Jung: "L'individuazione è in generale il processo di formazione e di caratterizzazione dei singoli individui e in particolare lo sviluppo dell'individuo psicologico, come essere distinto dalla generalità, dalla psicologia collettiva. La necessità dell'individuazione è una necessità naturale, tanto che impedire l'individuazione, attraverso il tentativo di stabilire delle norme ispirate prevalentemente o addirittura esclusivamente a criteri collettivi, significa pregiudicare l'attività vitale dell'individuo". [6]

L'individuazione è quindi un percorso automatico della psiche verso la completezza, che può far raggiungere la totalità all'individuo proprio attraverso l'incontro della parte cosciente, Io, con quella inconscia, Sé.

[5] C.S. Pearson, Risvegliare l'eroe dentro di noi, Astrolabio, 1992, pagg. 39-40
[6] C. G. Jung, Tipi psicologici, Bollati Boringhieri, Torino 1968, pag. 463

Grazie a questa spinta innata, l'individuo potrà diventare ciò che è già in potenza alla nascita, potrà seguire la sua disposizione naturale, al di là di ciò che ha ereditato dalla tradizione familiare o che gli è stato indicato o addirittura imposto dalla mentalità collettiva. Ciò non significa che Jung non desse valore alle norme e alle regole del collettivo; proprio per il fatto che l'individuo vive in un contesto allargato, è di vitale importanza che lui partecipi a ciò che è condiviso e riconosciuto dalla società in cui vive. Il suo compito primario però è quello di differenziarsi da ciò che è convenzionalmente tramandato e seguito, per esprimere quanto di personale e di specifico della sua individualità può portare al mondo. E' il dono di sé al mondo. Ecco perché, secondo Jung, individuarsi è un dovere sociale, perché la capacità di autodeterminazione del singolo potrà dare vita ad una collettività migliore, proprio perché maggiormente differenziata, responsabile e soprattutto consapevole.

Dopo essere riuscito a lasciare l'Isola insieme ad altri cinque compagni, gli *Oceanic Six,* nel giro di tre anni Jack vorrà "tornare indietro", perché nel periodo trascorso a casa prenderà sempre più consapevolezza di non aver ancora compreso lo scopo della sua vita e ciò che può darle senso e significato.

Nei flashfarward dell'ultimo episodio della IIIª Stagione "Through the Looking Glass" ("Attraverso lo specchio"), rimasti negli occhi e nel cuore di milioni di fan come uno dei momenti più drammatici di tutte le Stagioni di LOST, vediamo Jack sprofondare nel suo *Tartaro* personale, quando offuscato dall'abuso dell'alcol ed in preda all'oxicodone, nell'attimo in cui può finalmente sentirsi al sicuro e soprattutto appagato in quello che era l'unico suo desiderio fintanto che era sull'Isola, non prova più quella soddisfazione e quella tranquillità emotiva che era certo di provare una volta tornato a casa e si rintana disperato nella sua abitazione di Los Angeles, in uno stato di totale abbandono; ha la barba lunga, è profondamente depresso, mentre il caos regna sovrano fuori e dentro di lui.

Un atteggiamento giudicato dai fan a dir poco incoerente e contro ogni logica, perché contraddiceva in un attimo quel suo modo di essere convinto ed irriducibile nelle sue molte certezze. Ma è proprio in quel momento che Jack, in questo mostrarsi fragile e disperato, abdica all'unico modo d'interpretare se stesso ed inizia il suo doloroso cammino verso l'uomo che non sa ancora di essere, ma che lo vedremo gradualmente diventare nella Vª Stagione e che segnerà la conferma della sua eroicità nella Stagione finale.

"Vado ogni giorno all'aeroporto", dirà alla protagonista femminile della Serie, Kate Austen, nell'ultimo episodio della IIIª "volo da Los Angeles a

Tokio, o Singapore, o Sidney e poi scendo dall'aereo, bevo qualcosa e torno a casa. Perché voglio che precipiti Kate…e non mi importa di tutte le persone che sono a bordo… ad ogni rumore che sento, ad ogni turbolenza chiudo gli occhi e prego di poter tornare indietro. Sono stanco di mentire. Dobbiamo tornare indietro, Kate… dobbiamo tornare indietro".

Questo è certamente il momento più alto e drammatico della IIIª Stagione di LOST ed in generale uno dei più intensi che siano passati davanti agli occhi dei fan in quei lunghi anni, proprio per il senso d'impotenza e la frustrazione mostrata da Jack verso un qualcosa che aveva ardentemente desiderato ed il contemporaneo riconoscimento che non era servito a nulla e che sarebbe stato necessario tornare sull'Isola, per definire se stesso e la sua identità. Come un novello Parsifal, costretto a ritornare al Castello del Graal "alla ricerca del padre perduto", per mettersi al servizio degli altri e non più del suo Ego, allo stesso modo Jack, "sapiente per pietà, puro e folle", così come è ricordato Parsifal nell'opera di Wagner, dovrà tornare sull'Isola, perché soltanto lì comprenderà la portata ed il valore del suo destino.

Se vogliamo quindi interpretare simbolicamente il 'tornare indietro' urlato da Jack e la sua disperazione, se vogliamo interpretare il suo totale disinteresse verso la salvezza degli altri, dopo che paradossalmente salvare il prossimo era stato il suo costante pensiero, possiamo ipotizzare un bisogno imprescindibile della sua psiche che lo spinge ad essere se stesso e raggiungere quella dimensione di completezza interna, a cui le antiche paure ed il senso d'inadeguatezza mai risolto avevano sbarrato la strada.

E Jack non potrà compiere se stesso, se non dopo aver rivisitato tutto quello che aveva impregnato la sua più intima natura di uomo, il suo stesso "essere uomo", in un'indagine introspettiva che non potrà prescindere dal ricordo di quello che era stato il rapporto col primo uomo della sua vita: il padre.

Scrive l'astropsicologa inglese Liz Greene nel suo "Astrologia e Destino": "Per non cadere vittima della struttura familiare, l'individuo deve trovare un modo per far distinzione tra i genitori effettivi e le immagini mitologiche attraverso le quali li ha visti da bambino. Queste immagini sono il suo destino ed egli si troverà di fronte alla necessità di elaborarle nel corso della sua vita, trovando un modo di confrontarsi con tali figure in base alle proprie risorse specifiche, invece di ricadere sotto lo stesso destino. Così il figlio non interrompe il legame con tali immagini, ma le assimila quali figure da inglobare in chiave creativa nel proprio sviluppo. Finché esse restano "genitori" in senso letterale, egli sarà in balìa di esse". [7]

Negli ultimi episodi della V^a Stagione infatti, ormai tornato sull'Isola per portare a casa quanti ancora si trovano lì, pur conservando come suo archetipo di fondo quello del *'Salvatore'*, che si prodiga e si sacrifica per il bene degli altri, Jack lo evolverà e lo completerà con altri archetipi, riuscendo a dare il meglio di sé proprio nella Stagione finale. Lui, che ci aveva sempre mostrato di essere un *uomo di scienza*, che si fidava solo della capacità di valutazione della mente razionale, nonché della certezza di poter sempre fare affidamento sulle sue competenze e conoscenze di medico prestigioso, dopo le molte vicissitudini passate e la sofferenza che aveva visto negli occhi dei compagni e la morte stessa a cui non era riuscito a strappare alcuni di loro, si trasformerà gradualmente in un *uomo di fede*, dicotomia presente in LOST fin dalla I^a Stagione.

Nell'ultimo episodio della V^a Stagione "The Incident" ("L'Incidente"), attraverso un flashback riguardante la sua vita di chirurgo spinale, ci verrà illustrato l'evento fondamentale della vita professionale, in cui Jack avrebbe imparato a vincere la paura, proprio grazie all'insegnamento del padre: è grazie a Christian ed alle sue parole infatti, in un momento cruciale in cui un errore di Jack potrebbe far morire la paziente che sta operando, che lui riuscirà a riacquistare il sangue freddo che gli permetterà di padroneggiare l'evento; è Christian che gli regalerà la "ricetta" per padroneggiare la paura: "Jack, guardami" gli dirà il padre "Riuscirai a fare questo solo se non avrai paura; chiudi gli occhi, conta fino a cinque e fallo! O dovrò farlo io al posto tuo".

In questo passaggio, vediamo che la parte più negativa dell'archetipo Cronos cede il posto al desiderio di aiutare il figlio, di permettergli di dimostrare il suo valore professionale, di farsi superare da lui.

Jack, in quell'occasione, dimostrerà di non gradire quest'ingerenza, accusando il padre di averlo sottoposto ad un'umiliazione davanti al suo staff. Sarà solo più avanti e dopo l'esperienza dell'Isola, che lui riabiliterà il comportamento paterno, prendendo coscienza che era stato proprio grazie a quel gesto, al grande amore che il padre nutriva per lui, nonostante non fosse mai stato in grado finché era in vita di esprimerglielo a parole, che lui avrebbe tratto un insegnamento per la vita, dimostrando come l'individuo può rintracciare nell'archetipo paterno passato la scintilla divina di un'eredità positiva, la sua radice creativa più vitale e più vera, così come è stato illustrato in molti personaggi maschili di LOST.

---

[7] L. Greene, Astrologia e Destino, Armenia, Milano 1995, pag. 107

E' così che l'*uomo di scienza* delle prime stagioni integrerà gradualmente l'*uomo di fede* che Jack saprà diventare nelle Stagioni finali, perché senza essere costretto a negarne una, saprà servirsi ugualmente di entrambe le parti, a seconda dell'occasione e dell'esperienza che la vita gli sta offrendo. Ciò lo porterà anche a risolvere il senso d'inadeguatezza che ha sempre provato circa la potenzialità di essere un "buon padre", perché troppo timoroso di rimettere in moto schemi automatici che erano già stati percorsi da Christian prima di lui.

Nel VI/5 "The lighthouse" ("Il faro"), alle prese in un flash sideway con il suo stesso essere padre di David, un giovane sensibile e ricco di talento, ma intimorito dal proprio genitore, proprio così com'era successo a lui nei confronti di suo padre, Jack dimostrerà di aver consapevolizzato l'esperienza paterna del passato, proprio attraverso l'amore che prova per il figlio.

Desideroso di riconquistare il suo affetto e tendendo una mano a David, che lo rifiuta perché intimamente teme di deluderlo, Jack romperà lo schema genitoriale che si era fatto automatico e darà una nuova opportunità non solo a se stesso, perché si concederà l'esperienza arricchente dell'essere padre, ma soprattutto al figlio, che non sarà più costretto a rimettere in scena una catena familiare automatica, che chiedeva soltanto di essere spezzata.

Bellissimo il colloquio che si svolge tra i due nel flash sideway citato:
- David: "Non ti ho detto che sarei venuto qui perché non volevo mi vedessi fallire".
- Jack: "Quando avevo la tua età, mio padre non voleva vedermi fallire; mi diceva che secondo lui non avevo gli attributi. Mi sono portato dentro questa cosa per tutta la vita. Non voglio che questo debba succedere anche a te. Io ti vorrò sempre bene, qualunque cosa tu faccia, ai miei occhi tu non sarai mai un fallito".

Scrive Gary Zukav, scienziato e filosofo americano nel suo "Una sedia per l'anima": "Non è la via dell'universo quella di voler stabilire che cosa è giusto e cosa non lo è e distinguere tra fallimento e successo. Come potete sapere che cos'è il successo ed avere una sia pur vaga idea del fallimento? E' saggio immaginare che la dinamica a cui pensiamo in termini di "fallimento" e "successo" non esiste veramente, perché non esiste dal punto di vista della Verità ma solo da quello del giudizio, e la giustizia vera non giudica". [8]

---

[8] G. Zukav, Una sedia per l'anima, Corbaccio Edizioni, Milano 1989, pag. 158

E' così che, nel riconoscimento della sua umanità e nel desiderio di dare semplicemente amore, si compie l'uomo Jack Shephard, ma si compie anche l'eroe che era da tempo in attesa e nascosto dentro di lui.

KATE AUSTEN

"Nata per fuggire"

La prima persona che Jack incontra dopo essere precipitato sull'Isola ed essersi preso cura come medico dei feriti più gravi, è Katherine Anne Austen, detta Kate, interpretata dall'attrice Evangeline Lilly, uno dei personaggi femminili più importanti della Serie.

Fin dalle prime battute dell'episodio "Pilota" infatti, lo spettatore entra in contatto con questa figura complessa di donna che susciterà per i suoi comportamenti, spesso ambivalenti, forti sentimenti d'ammirazione o di rifiuto nel cuore degli spettatori, secondo un light motive frequente e comune a molti personaggi di LOST.

L'ARCHETIPO DELL' "AMAZZONE GUERRIERA"

Anche in Kate si possono rintracciare diversi archetipi, spesso contraddittori tra di loro e quindi di difficile integrazione. Infatti, all'archetipo della "Fanciulla fragile" che induce gli uomini a proteggerla nelle circostanze più difficili, si affianca quello dell' "Amazzone guerriera" che si esalta nel pericolo e nello scontro ed è disposta anche ad uccidere quando qualcosa metta a rischio i suoi interessi, ma soprattutto la vita delle persone che ama.

Spontanea e coraggiosa, Kate ha una forte volontà e la capacità di incidere tanto quanto Jack sulle decisioni che il gruppo dovrà prendere di volta in volta, ponendosi spesso in contrasto quando, mentre tutti gli altri vogliono *andare avanti* per raggiungere le mete che di volta in volta si prefiggono, lei non esita a *tornare indietro*, se c'è qualcuno da salvare o che sia semplicemente bisognoso d'aiuto.

Il tema dell' "andare-tornare" è una costante di LOST quando ci descrive i personaggi nella loro parte più umana, che li vorrebbe costringere a restare nelle realtà più rassicuranti e spesso concentrate sul tornaconto personale e la parte più coraggiosa della loro natura che non si arrende e non rinuncia alla conquista, che non si abbatte e non perde la speranza, anche a costo di sperimentare le esperienze più dolorose che l'Isola impone.

La scena del gruppetto dei tre personaggi Jack, Kate e Charlie Pace, che si addentrano nella foresta per andare a cercare la ricetrasmittente dell'aereo caduto e lanciare così un S.O.S. a chi dovrebbe soccorrerli, mentre una musica, misteriosa e cadenzata - sorta dal genio di Michael Giacchino, il grande compositore italo americano vincitore dell'Oscar per la migliore colonna sonora del 2010 -, li accompagna in questa missione, ha sùbito evocato in me una delle musiche dello sceneggiato televisivo "Odissea" del 1968, diretto da Franco Rosi, opera rimasta negli occhi e nel cuore di chi l'ha vista come un cult della più alta cinematografia di tutti i tempi.

La musica accompagna la scena in cui Ulisse ed alcuni compagni si addentrano nella terra dei Ciclopi, completamente ignari di ciò che li aspetta, ma ugualmente intenzionati a scoprire cosa nasconde quel territorio sconosciuto.

Il tema è archetipico e presenta lo scontro tra la paura e la curiosità, tra il noto e lo sconosciuto, tra il bisogno di fermarsi e quello di andare, tra l'andare e il tornare, a tal punto che quasi tutti i personaggi di LOST si troveranno in questo dilemma lungo il corso della storia.

Così sarà anche per Kate, quando si adopera per rendere stabile la condizione di tutti sull'Isola, fornendo consigli o tranquillizzando chi appare in difficoltà, addirittura facendo da "stampella" a Jack in quei momenti in cui lui sembra crollare e contemporaneamente quando è spinta verso l'ignoto, verso ciò che non conosce e che ha su di lei un richiamo irresistibile. E' per questo che il suo personaggio, più di molti altri, può ben riassumere come possa evolvere l'archetipo, quando sia sottoposto a trasformazione.

La sua storia prima dell'Isola infatti, ce la rappresenta già come una figura ambivalente in cui albergano indistintamente il grande amore per la madre, che lei adora con un sentimento viscerale ed il profondo disprezzo per il patrigno, che lei scoprirà essere il suo vero padre solo in un periodo avanzato della sua giovane vita.

Non ci sarà momento della sua storia in cui non la vedremo dibattersi in preda a sentimenti contrastanti, sia quando sarà costretta a fuggire dopo aver incendiato la casa paterna e provocato la morte del padre, pur restando continuamente ancorata al rimpianto di aver perso l'affetto materno, sia quando s'innamorerà, una volta precipitata sull'Isola, di due uomini totalmente diversi tra loro, verso i quali non sarà mai in grado di fare una scelta coerente e chiara, se non nella Stagione finale. La sua devozione per Jack infatti, il suo essergli accanto costantemente ed aiutarlo in tutte quelle fasi di transizione o di empasse in cui spesso la Serie precipita, il suo guardare a lui con fiducia e con l'idealizzazione di chi cerca nell'amore un'occasione di riscatto, vengono messi costantemente alla prova dalle esperienze che Kate farà sull'Isola, che la confonde e ne annacqua gli intenti, nell'attimo in cui la spinge inconsciamente verso James Sawyer Ford, un altro personaggio fondamentale di LOST, e contemporaneamente verso Jack, di cui lei si fida tanto quanto diffida di Sawyer.

Kate Austen fondamentalmente è un'illusa.

Ha inseguito per una vita intera il fantasma dell'uomo ideale e purtroppo nella sua testa si sono confuse irrimediabilmente due immagini archetipiche fin dall'età dell'infanzia: quella del vero padre che era un depravato che la insidiava e cercava di rubarle l'innocenza e quella del patrigno, da lei ritenuto il vero padre, che era un uomo nobile, generoso e profondamente buono.

Anche Kate Austen quindi, non sembra sfuggire alla rigida legge patriarcale dove il figlio per compiere se stesso e la propria individualità, viene fornito dal destino di un genitore che "divora" la sua infanzia e le sue potenzialità e, nel caso si tratti dell'infanzia di una bambina, arriva al più orrendo dei "delitti": il desiderio e l'abuso di lei.

Quest'impressione costante d'infanzia deprivata e senza la possibilità di avere un sostegno dalla propria madre che le preferirà sempre l'uomo di cui è innamorata, è un fantasma che aleggia su tutta la storia di Kate Austen, "born to run", "nata per fuggire", una storia di disperazione, d'illusione e confusione proprio per le dinamiche di difesa che Kate sceglierà di mettere in atto, per proteggere e riscattare se stessa dal danno subìto.

La sua storia sull'Isola diventa così un tessuto ricco e variegato che gli Autori dispiegano davanti ai nostri occhi fin dal momento in cui, una volta dispersa e a contatto con situazioni nuove e con le prove a cui la sottoporrà l'Isola, Kate riuscirà ad evolvere il suo archetipo, a tal punto da diventare un personaggio fondamentale nell'economia dell'intera storia.

L'ARCHETIPO "ANIMA"

Alcuni tratti comportamentali di Kate Austen si possono facilmente avvicinare all'archetipo della "Donna Anima", che si rifà direttamente alla parte femminile della psiche che Jung definiva "Anima". Infatti, due tra i più importanti archetipi dell'inconscio collettivo sono quelli dell' "Animus" e dell' "Anima", a cui il filosofo dava una valenza compensatrice.

Riteneva infatti che le caratteristiche non integrate della personalità, femminili nell'uomo e maschili nella donna, spingessero la psiche a trovare una compensazione attraverso questi due archetipi funzionali che avevano così lo scopo di migliorare l'adattamento dell'individuo ai suoi ideali e alla realtà esterna. In particolar modo, l'Animus avrà una componente collettiva che riassume l'esperienza del femminile col maschile espressa lungo il corso dei secoli ed una componente individuale, che si è strutturata nell'Io nascente della donna attraverso la relazione con le figure maschili del suo habitat più ristretto.

Il Padre, il Salvatore, il Guerriero, il Puer, l'Eroe, il Santo e gli altri archetipi maschili che troviamo nell'inconscio collettivo sono aspetti dell'Animus della donna, sono "l'uomo inconscio" dentro di lei, così come l'Anima è "la donna inconscia" e silente nell'uomo; attraverso gli incontri che faranno nella vita, uomo e donna potranno incontrarsi con una particolare dose d'energia maschile o femminile con cui vorranno entrare in contatto, per conoscere parti di sé che altrimenti resterebbero sconosciute.

Grazie all'Animus e le figure maschili della sua vita, la donna imparerà ad integrare la sua radice femminile con qualità prettamente maschili, allo stesso modo come grazie all'Anima e le figure femminili della sua vita, l'uomo entrerà in contatto con la parte istintiva e sentimentale della sua natura, che altrimenti rimarrebbe inconscia.

Ai due archetipi poi, Jung assegnava un'ulteriore valenza perché collegava l'Animus al principio maschile di *Logos*, messo in relazione alla capacità che c'è nell'individuo di risolvere ogni situazione attraverso l'azione ragionata ed il pensiero e l'Anima al principio femminile di *Eros* e quindi alla capacità di relazionare ed entrare in empatia con gli altri, riconoscendo il valore dei sentimenti, ma anche servendosi dell'intuizione, del buon senso e della spontaneità dell'impulso vitale.

Si comprende così come mai i due archetipi siano basilari nella struttura della psiche. In particolare l'Anima veniva definita da Jung "l'archetipo della vita", perché è dall'Anima, strettamente collegata all'inconscio, che dipende la possibilità di dare senso a tutto ciò che la ragione/*Logos* sceglie e di trovarvi la successiva soddisfazione.

Scrive a tal proposito il filosofo berlinese Erich Neumann nel suo "La psicologia del femminile": "Il contatto con l'inconscio si può ristabilire attraverso l'Anima, suo lato femminile e attraverso la realizzazione della coscienza matriarcale ad essa congiunta. La sintesi di una nuova conoscenza illuminata, frutto dell'unione tra maschile/Anima e il femminile/Animus è simbolo di completamento e fecondazione reciproca, ben rappresentati nella scrittura cinese con il segno Ming, ovvero fusione tra sole e luna". [9]

L'Anima junghiana quindi, non ha alcuna valenza collegata ai dogmi o alle confessioni religiose; l'Anima junghiana, il femminile transpersonale, è energia allo stato puro, non inquinata da alcun condizionamento esterno perché espressiva di quanto di più vivo, istintivo e spontaneo c'è nella psiche. E' solo grazie all'anima che possiamo entrare in contatto con le nostre profondità emotive, con la nostra ispirazione, partecipando al flusso delle percezioni e aprendo la porta ad un mondo non solo razionale o empirico, ma proprio per questo più aderente alla totalità della realtà.

Per questo motivo i due archetipi sono anche esemplificativi del modello ideale di uomo e di donna forgiato nell'infanzia sulle luci e le ombre paterne e materne, a cui l'uomo e la donna tenderanno e da cui saranno naturalmente attratti per esprimere e scambiare amore, ma anche per illuminare e risolvere alcune dinamiche psicologiche inconsce, che altrimenti resterebbero oscure.

Sull'archetipo "Anima" si modella quello della "Donna Anima", una tipologia specifica di un femminile che si fa morbido e cangiante, perchè riesce a sintonizzarsi immediatamente sui bisogni degli altri, soprattutto se si tratta di un uomo.

---

[9] E. Neumann, La psicologia del femminile, Astrolabio Ubaldini, 1976

E' così che si presenta Kate nelle varie Stagioni: è attenta e partecipe alle sorti dei vari personaggi della storia, sia i due uomini di cui è innamorata, sia i nuovi amici con cui entrerà in contatto sull'Isola. E' lei che comprende con facilità i loro stati d'animo e cerca di intuire quello che può essere di conforto durante l'esperienza che stanno vivendo, per dare un contributo strettamente femminile per risolvere la situazione. Ma visto che gli archetipi contengono in se stessi i contrari, Kate diventa anche la rappresentazione della parte più negativa dell' "Anima" quando non si preoccupa di comportarsi da egoista o da opportunista se deve arrivare ad ottenere qualcosa che le preme o che giudica fondamentale per sé. Tutti i fan della Serie ricordano quello che lei è stata capace di fare per rientrare in possesso di un aeroplanino giocattolo che la legava nel ricordo al suo primo amore, Tom: Kate non ha esitato a rubare, uccidere, truffare senza farsi prendere da scrupolo alcuno, pur di rientrare in possesso di quell'areoplanino.

C'è quindi anche un qualcosa di primitivo, d'irrazionale e quasi selvaggio in Kate Austen che potrebbe esemplificare lo stadio del femminile più immaturo, in cui la donna sente ed agisce prima di pensare, con un'estemporaneità che, se alcune volte si dimostra utile per uscire da un empasse drammatico da cui i personaggi maschili non riescono ad uscire con la loro razionalità, altre volte può costituire un pericolo grave per sé e per gli altri, perché sulla valutazione razionale e strettamente associata al buon senso, ma anche sulla comprensione del giusto tempo in cui compiere un'azione per essere certi di portarla a buon fine, vince l'impulsività, la sopravalutazione delle proprie capacità e soprattutto l'incapacità di attesa.

La salvano certamente dall'ombra dell'archetipo la sua spontaneità generosa, la capacità di mettersi nei panni degli altri, il coraggio e la buona volontà che derivano dal suo grande cuore; la salva l'intuizione, che arriva sempre prima del ragionamento, quando istintivamente sente i bisogni e gli stati d'animo degl'altri, al punto di prevenirne ogni necessità.

Ma la salva anche la capacità di essere pratica e risolutiva nell'azione, delineando con grande lucidità i pro e i contro di una situazione e risolvendola con grande semplicità. Quando Kate è centrata e presente a se stessa, quando è dimentica degli interessi personali, è certamente l'espressione più evoluta dell'*Eros*, così come ci illustra l'episodio I/20 "Do Not Harm" ("Non nuocere") in cui lei aiuterà Claire Littleton, ragazza madre all'ultimo mese di gravidanza, a partorire senza troppi drammi nel bel mezzo della giungla: è Kate che le infonde coraggio e la riporta alla ragionevolezza in un momento di panico totale, è Kate che la sostiene e la rassicura, permettendo la nascita del suo bambino.

L'ARCHETIPO "ARTEMIDE"

Accanto all'archetipo dell'Amazzone e della Donna Anima, si può rintracciare in questo sfaccettato personaggio *lostiano* anche l'archetipo mitico della dea Artemide, Signora della caccia e della Luna, la Diana dei Romani, protettrice delle fiere, delle fonti, delle selve, personificazione dello Spirito femminile indipendente, che vuole bastare a se stesso e a cui non piace sottoporsi all'altrui volontà.

Secondo la psicologia mitica junghiana, le dee della mitologia greca sono le immagini archetipiche di bisogni specifici della psicologia della donna per esprimere al meglio il suo potenziale femminile, proprio attraverso il riconoscimento che saprà fare durante l'esperienza di vita della "dea a cui rivolgersi" per servirsi al meglio di questo potenziale.

La possibilità di riconoscere ed attivare dentro di sé la dea giusta al momento giusto diventa il necessario presupposto perché la donna possa essere davvero se stessa, assecondando quel bisogno inconscio ma anche inarrestabile della sua psiche di arrivare alla completa conoscenza di sé, dei suoi potenziali così come dei suoi limiti, senza cadere in un'unica identificazione, che potrebbe eliminare dalla sua vita esperienze basilari e momenti di grande felicità.

Artemide, figlia di Zeus e di Latona, gemella di Apollo che aveva aiutato a nascere dopo essere nata lei per prima, era la dea messa in relazione con la libertà, con l'indipendenza e la possibilità di centrare i propri scopi.

Tra gli animali a lei sacri tra cui il cervo, la lepre, la leonessa e il cavallo selvaggio, c'erano anche il cinghiale e l'orso. Sappiamo che Omero parla di lei come "cacciatrice di cinghiali" e che in suo onore si eseguiva la cosiddetta "danza dell'orso". Il cinghiale e l'orso erano quindi gli animali più rappresentativi della dea, il primo per il suo simbolo di animale non soggetto ad alcuna restrizione ed il secondo per la sua distruttività, per la ferocia che mostrava verso i predatori.

Curiosamente Kate Austen nella Serie viene accostata proprio a certi animali: il cinghiale, quando si trova in una battuta di caccia, una delle tante a cui partecipa sempre con molto trasporto; l'orso, quando è costretta con

36

un gruppo di sopravvissuti a fronteggiare la furia di un orso che si sta avventando su di loro e infine il cavallo, personificazione del padre violento, che torna a tormentarla sull'Isola con sogni ed allucinazioni.

E' interessante notare come l'orso fosse anche sacro alla dea soprattutto perché, se si dimostrava aggressivo con chi lo cacciava, diventava materno ed incredibilmente protettivo con i cuccioli, a tal punto che Artemide, nonostante fosse una dea "Vergine", era invocata dalle donne per alleviare i dolori del parto, nonché proteggere e favorire le nascite. La dea era sempre circondata da un nugolo di donne, le sue fidate ancelle, che dividevano con lei varie avventure soprattutto se c'era da difendersi dalla violenza maschile ed è interessante ricordare che in Grecia, le "puellae", le fanciulle consacrate alla dea, erano chiamate "orse" e direttamente poste sotto la sua protezione.

Combattiva e volitiva, Artemide viene ricordata per quattro caratteristiche ben precise: la sua libertà d'azione, al di là delle regole imposte a tutto l'Olimpo da parte di Zeus, l'affetto profondo per la madre, che la vedrà più volte vendicarsi di chi le reca offesa, la sua mira infallibile che non sbaglia mai un colpo, nonché la solidarietà nei confronti delle donne, quando erano in pericolo di vita o venivano insidiate dall'uomo nella loro purezza.

Questo ci porta a concludere che con Kate, l'archetipo dell'Amazzone e della Donna Anima si integrano con le qualità "Artemide" facendosi più completi. Con le donne infatti, Kate ha ugualmente un ottimo rapporto tanto quanto quello che ha con i personaggi maschili: per alcune di loro è un'amica premurosa, per altre una fedele confidente. Ed anche quei personaggi femminili che nella vicenda assumeranno per lei il ruolo di rivali in amore verranno spinti proprio da questa sua capacità d'essere altruista a collaborare con lei, superando ogni interesse personale o rivalità, ma godendo appieno della solidarietà femminile che in Kate è fortissima, ancor più che la tensione all'amore. Infatti, in amore Kate ha uno spirito indipendente, così come la qualità primaria di Artemide era il bisogno di libertà. Più volte durante la Serie l'abbiamo vista dibattersi tra il bisogno di impegnarsi in amore e quello di restare autonoma e bastare a se stessa; spesso, proprio nel momento in cui la mente la spinge a prendere una decisione, il bisogno di libertà e di autonomia la torna a tormentare con situazioni ed esperienze particolarissime, che la fanno ritrarre e rinunciare: Kate torna sempre a scegliere la solitudine, perché preferisce la solitudine alla perdita della libertà.

Inquietudini, ambivalenze e contemporaneamente generosità e spirito di sacrificio, ma soprattutto il modo di risolvere con la fuga le molte tensioni del suo animo scisso, fanno di lei un'eroina tormentata e cara, in conflitto perenne tra le luci e le ombre della sua natura, che i due uomini di cui è innamorata immancabilmente riflettono e mettono a nudo. Infatti, Jack e Sawyer potrebbero essere semplicemente il riflesso della parte maschile della sua psiche, l'Animus, sia quando si mostra generosa e dal nobile cuore, sia quando si rivela insensibile e profondamente scorretta, nell'attimo in cui non si fida di nessuno e si serve degli altri per i suoi fini. Guardando nel profondo degli occhi dei suoi uomini, così diversi ma in realtà accomunati dal sentimento d'amore che provano per lei, noi guardiamo nell'anima di Kate, archetipo perfetto delle mille contraddizioni che convivono spesso nell'animo della donna in cerca di se stessa.

E così, nella continua ambivalenza che dimostra quando "torna indietro" sui suoi propositi di scelta definitiva, o "torna indietro" per salvare l'amico in difficoltà o l'uomo di cui è di volta in volta è innamorata, Kate rivela l'arcaica dicotoma tra il darsi e il negarsi, tra lo stare e l'andare, tra l'andare e il tornare, perché è lei stessa che non vuole decidersi, è lei stessa che non si vuole fermare e che il suo essere continuamente in fuga da vicende e circostanze drammatiche non è sinonimo di incoerenza o peggio di ambiguità, ma semplicemente lo specchio del suo mondo interiore fragile e scisso, ma che trova - proprio nel riconoscimento di questa debolezza - tutta la bellezza della sua umanità.

Sarà soltanto in VI^a Stagione che Kate dimostrerà di aver fatto tesoro delle lezioni apprese sull'Isola. Nell'attimo in cui verrà rifiutata da Sawyer e si renderà conto di non aver mai compreso l'amore di Jack, Kate risveglierà in se stessa l'antico spirito d'abnegazione combattendo per la salvezza di tutti, dimostrando come anche l'individuazione femminile debba passare attraverso un atto di riconoscimento del limite e nello stesso tempo debba essere sorretta dalla fiducia nei disegni della vita. Il cambiamento che lei s'imporrà per stemperare i suoi eccessi e soprattutto la tendenza alla fuga verranno risolti quando potrà vivere in maniera positiva l'archetipo della Grande Madre, l'immagine interiore più potente che c'è nella psiche assieme a quella del Padre e di cui tratterò più avanti nello studio. Infatti, nell'attimo in cui dovrà prendersi cura di Aaron, il bimbo di LOST, Kate darà il meglio di sé, anteponendo l'interesse del bambino ad ogni suo desiderio, mettendo a rischio se stessa e la sua esistenza pur di difendere il piccolo dalle insidie dei nemici, ma soprattutto facendo di tutto per ricongiungerlo alla madre, nonostante lo smisurato amore che prova per lui.

Quella di Kate Austen è una figura complessa ma certamente anche di grande dignità. Nel seguire il suo personaggio, si potrebbe riconoscere lo spunto intuitivo di Richard Adams che, nel suo "La collina dei Conigli", citato in LOST come libro con cui entrano in contatto alcuni dei dispersi, parla della visione interna che anima i conigli della storia a cercare una "nuova casa": sono creature piccole ed impotenti, facili bocconi dei predatori, sorrette però da un credo interno che le spinge a continuare a sperare di potercela fare, nonostante le loro fragilità e le loro più antiche paure. [10]

Kate non è tra i "candidati" destinati a "salvare l'Isola", ma fondamentale figura guida nella parte conclusiva della storia. Si può quindi immaginare che lei, non avendo perdonato la madre, non avendo provato quel moto di pietà verso un genitore che dimostreranno di provare alcuni personaggi maschili lungo la VIª Stagione, abbia riscattato questa mancanza attraverso l'amore per Aaron, un amore disinteressato e tutto teso non più a riempire un vuoto d'affetto nel suo cuore, ma esclusivamente votato alla felicità e alla salvezza del bambino.

E' per questo che, se pur non inserita tra i "prescelti", Kate abbia potuto e a buon diritto entrare a far parte dell'Assemblea mistica che chiude la Serie e che vedrà riuniti tutti coloro che si sono impegnati, con coraggio e buona volontà, ad individuare e realizzare il proprio destino.

---

[10] A. Richard, La collina dei conigli, Rizzoli, Milano 1987

"Ognuno pensi per sé"

"C'è sempre qualcuno per cui tornare indietro, non è vero Kate?", è ciò che chiederà spesso a Kate James Ford detto "Sawyer", interpretato dall'attore Josh Holloway, personaggio in cui potremmo rintracciare diversi archetipi, psicologici e divini.

Innanzitutto, Sawyer è l'unico tra i sopravvissuti che almeno all'inizio non condivide quello spirito di solidarietà che anima gli altri. Lui è quello dell' "ognuno pensi per sé", che oppone cinismo ed indifferenza al bisogno che gli altri hanno di restare uniti, anche se nei suoi modi di fare asciutti e sbrigativi leggiamo un cuore sensibile che teme solo di essere ferito ed è per questo che fa di tutto per allontanare gli altri da sé, ritenendosi incapace ma soprattutto immeritevole di ricevere amore.

E invece Kate si innamorerà proprio di lui, perché dovrà entrare in contatto con quella parte del suo Animus maschile che lei non conosce e che lui le riflette come in uno specchio.

Ambedue in fuga dalla vita per avere dei conti in sospeso con la giustizia, ambedue truffatori che fanno della menzogna un modo di essere, ambedue assassini, lei del padre e lui di un uomo che riteneva erroneamente responsabile della rovina della sua famiglia, Sawyer e Kate si ameranno e si tradiranno a più riprese durante tutta la storia, ma dimostreranno in ogni occasione di essere profondamente simili, profondamente uniti e legati da un affetto che va oltre le ragioni della mente.

E' interessante notare come entrambi siano stati segnati nella loro storia individuale da un abbaglio iniziale: Kate è stata sempre convinta che il suo vero padre fosse l'uomo che l'aveva allevata, che si era separato dalla madre ma continuava a provare per la figliastra un affetto di padre sincero, buono e comprensivo; solo in un secondo momento, Kate scoprirà che il compagno della madre, l'uomo di cui è innamorata, non è altri che il suo vero padre e che proprio da lui veniva insidiata.

Sawyer era stato ugualmente vittima di un abbaglio per così dire "rovesciato", perché aveva identificato nel distruttore della sua famiglia un uomo innocente, additatogli come colpevole da un nemico comune.

Scrive Aldo Carotenuto, psicoanalista junghiano, membro dell'American Psychological Association, in "Integrazione della personalità": "La persona il cui percorso di sviluppo ha subito delle deviazioni o degli arresti, esperienze frustranti come quelle del rifiuto, dell'esclusione, della deprivazione affettiva, s'immobilizza nella contemplazione della ferita e, come avviene quando si è paralizzati da un acuto dolore fisico, tutte le energie si canalizzano nella ricerca di alleviare il disagio, di arginarlo".[11]

E non c'è dubbio che l'infanzia di deprivazione affettiva e di violenza che ha dovuto subire James Ford, l'aver dovuto assistere all'uccisione della madre da parte del padre che poi si è tolto la vita davanti ai suoi occhi, l'odio profondo che ha provato per tutta l'infanzia verso chi riteneva responsabile della sua rovina ed il desiderio di vendetta per sanare il danno subito lo abbiano spinto ad interpretare un archetipo ben preciso in cui era facile riconoscere se stesso, quello più presente nella struttura psichica maschile, l'archetipo di Ares, il dio della guerra del mito greco.

---

[11] A. Carotenuto, Integrazione della personalità, Bompiani, Milano 2007, pag. 196

ARES – IL DIO DELLA GUERRA

Ares è l'archetipo per eccellenza della forza fisica maschile, non temprata dalla ragione, ma orientata verso l'antagonismo e lo scontro con l'altro.

Nella vicenda di James Sawyer Ford si può vedere l'archetipo in azione, sia nelle sue parti più oscure, quando è mosso soltanto dall'odio e dal risentimento che gli fa meditare propositi di vendetta nelle prime Stagioni, sia nelle sue parti più belle, quando gradualmente viene trasformato verso un modello superiore, grazie alla buona volontà ed onestà di rivedere se stesso e la sua vita, di lasciar andare vecchie ferite ed offese, che lo intrappolavano in un cliché senza uscita.

Fin dai primi momenti del "Pilota" in cui facciamo la sua conoscenza, Sawyer è un Ares in azione: non si controlla, cerca la lite e si abbandona a reazioni rabbiose senza discriminare o valutare razionalmente la situazione che sta vivendo. Esprime istintivamente la sua rabbia e non si preoccupa di quello che gli altri possono pensare di lui, anche perché pensa di non avere bisogno di loro.

Gradualmente e grazie anche alle circostanze che costringono i *Losties* a collaborare, a restare uniti, l'archetipo Ares in cui Sawyer si è identificato evolve e si trasforma gradualmente nel modello più maturo e completo del Marte romano. Infatti, così come l'Ares greco era venerato come un dio invincibile perché dotato di una forza quasi bruta mai domata dalla ragione, era un simbolo di furia che si faceva cieca e lo trascinava in ogni battaglia con lo scopo di "lottare e basta", per rispondere a un affronto o per un semplice bisogno di primato, alla lotta superiore e salvifica si associa il Marte romano che, se pur sempre divinità guerriera, era onorato assieme a Giove e Quirino come la massima divinità, non soltanto perchè valente guerriero, ma anche dio della natura e della fertilità. Dai Romani era infatti invocato come "Mars pater" e a lui si offrivano doni perché propiziasse il buon risultato dei campi e benedicesse il lavoro dell'uomo.

In quest'archetipo, le caratteristiche del dio della guerra si affinano e per così dire si spiritualizzano; oltre al coraggio e all'energia fisica infatti, è presente nell'archetipo anche una grande forza interiore che crede nella dignità stessa del combattere, dove le scelte vengono orientate perchè l'individuo si batta principalmente per la fede in un ideale, più che per un utile personale, o per antagonismo, o semplice desiderio di vittoria sull'altro.

E' per questo che potremmo associare l'evoluzione dell'archetipo "Ares" alla figura del Samurai del Giappone feudale, che affianca alla forza fisica del guerriero Ninja, avvicinabile all'Ares greco, la capacità d'essere leale col nemico, di prodigarsi senza ritorni dell'Ego, secondo un'etica di fondo che lo stesso termine "samurai" significa: colui che si mette al servizio.

Questo cambiamento che abbiamo potuto apprezzare in James Ford soprattutto nelle ultime Stagioni, è stato possibile grazie all'accettazione e al perdono nei confronti delle sue asprezze, delle sue manchevolezze, che poi gli hanno permesso di arrivare a nutrire gli stessi sentimenti di comprensione ed accettazione nei confronti degli altri. Ma che fosse possibile per Sawyer sanare tutte quelle parti di sé che lo costringevano ad un'unica interpretazione di se stesso è stato presentato dagli Autori già in 1ª Stagione, non solo quando lo abbiamo visto leggere diversi libri in un continuo sforzo di ricerca, ma è soprattutto significativa la sua reazione finale dopo essersi accanito per giorni contro un cinghiale che sistematicamente invadeva e distruggeva la sua tenda e che potrebbe essere il simbolo dell'odio mai sopito verso l'uomo che per lui aveva distrutto la sua famiglia e a cui aveva legato il suo soprannome.

Dopo aver elaborato minuziosi programmi di vendetta con una meticolosità a dir poco ossessiva, proprio nel momento in cui se lo trova di fronte e finalmente può ucciderlo, Sawyer rinuncia, perchè ha messo da parte i sentimenti inferiori di vendetta, facendoli superare dal buon senso e dal riconoscimento che in fondo, così come dirà a Kate nel I/16, "Outlaws" ("Fuorilegge"), "era solo un cinghiale".

E non c'è dubbio che Kate, specchio della sua "Anima" femminile, con la sua benefica influenza e con l'amore che farà nascere in lui, abbia davvero contribuito a fare di Sawyer un "uomo nuovo"; lei saprà sempre come tranquillizzarlo e gradualmente aiutarlo a crescere, proprio attraverso la comprensione e l'accettazione dei suoi difetti e delle sue rudezze, che rispecchiano una parte inconscia e in ombra della sua natura di donna.

Kate sarà per Sawyer come Afrodite, la Venere dei Romani, era per Ares. Infatti, lei era l'unica che sapesse distogliere il dio dall'idea fissa della guerra, permettendo a quel punto agli uomini di poter godere anche di lunghi periodi di pace e di prosperità. Ed anche se all'inizio della Vª Stagione, Sawyer ci si presenterà ancora una volta rude e impaziente, fino a diventare spesso rabbioso dopo lo spostamento dell'Isola, nel momento in cui lui avrà la visione di Kate nella foresta, tutto cambierà.

Sarà così che, attraverso l'amore e la fratellanza, Sawyer migliorerà i suoi atteggiamenti evolvendoli verso un modello superiore. Infatti, la sua tendenza inconscia verso la distruttività, che si rivela in tutta la sua drammaticità nelle prime Stagioni, gradualmente verrà trasformata in creatività e spirito costruttivo, sia durante il suo percorso sull'Isola, in cui più volte metterà a repentaglio la sua vita per i nuovi amici, ma soprattutto dopo lo "spostamento" dell'Isola a trent'anni prima, quando, nelle vesti di Jim La Fleur, si troverà ad occupare un posto di prestigio perché, grazie all'impegno, la serietà e il senso di responsabilità che ha affinato in se stesso, si guadagnerà il ruolo di leader e figura di riferimento per gli altri, all'interno dell'organizzazione operativa sull'Isola.

L'ARCHETIPO DEL "BAMBINO DIVINO"

In James Ford si potrebbe anche rintracciare un'altra bella qualità, la rara capacità di saper sdrammatizzare ogni situazione, anche la più terribile, con certi atteggiamenti di fondo tra il serio e il faceto, oppure con quel suo mettere i nomignoli ai compagni dell'Isola, che tutti contestano ma contemporaneamente amano. E lo spettatore sorride e quasi si libera dalla tensione accumulata quando, nel bel mezzo di una situazione drammatica, Sawyer piazza lì una frase, una smorfia, un'imprecazione che stemperano un'atmosfera troppo tesa e fanno recuperare immediatamente la dimensione di distacco e di leggerezza, che è una costante di LOST e mai dimenticata dagli Autori fino alle ultime Stagioni.

E' questo l'archetipo del "Bambino Divino", strettamente collegato all'archetipo "Anima", la parte femminile, intuitiva e spontanea che è racchiusa nell'uomo e che, nonostante le asprezze della vita o le prove a cui lui è sottoposto, gli permette di ricontattare la sua radice più vitale, quella più impulsiva che apre all'istinto, in quella maniera spontanea ed autentica che è propria dell'età infantile. Scrive Jung: "*Il motivo del bambino* è un simbolo unificatore degli opposti, un mediatore, un "salvatore", artefice della totalità. [...] Rappresenta l'impulso più forte e più irresistibile di ogni essere umano: l'impulso all'autorealizzazione, armato di tutte le forze istintive naturali. L'impulso e la coazione all'autorealizzazione è una "legge di natura" ed ha quindi una forza invincibile".[12]

---

[12] C. G. Jung, Psicologia dell'archetipo del fanciullo, in Opere, pagg. 157,158.

Così, più che il "Puer Aeternus", archetipo collegato alla fiaba di Peter Pan, che nel suo lato ombra esprime un individuo perennemente in fuga perché ancora incapace di assumersi la responsabilità delle sue scelte e crescere, Sawyer potrebbe impersonare la trasformazione dell'archetipo in "Puer Internus" o "Bambino divino" e cioè un individuo che, dopo essere passato attraverso asprezze e sofferenze, non si è scollegato o comunque ha recuperato la scintilla divina d'entusiasmo, fiducia e pensiero positivo che è propria dell'età infantile. E' il contatto col "Bambino divino" che permette all'individuo di esprimersi in libertà, perché non rinuncia a ridere o a piangere se ne abbia voglia per timore del giudizio degli altri e soprattutto perchè ha imparato a non giudicare se stesso e le proprie reazioni quando prova certe emozioni, proprio così come farebbe un bambino.

Scrive C. Pinkola Estés nel suo "Donne che corrono con i lupi": "Questo spirito bambino è la niña milagrosa, la bambina del miracolo, capace di udire il richiamo, la voce lontana che dice: è tempo di tornare, tornare a sé. E' una parte della natura mediale che ci forza perché può udirne il richiamo quando viene. E' il bambino che, sorgendo dal sonno, dal letto, dalla casa e lanciandosi nella notte ventosa e nel mare selvaggio ci fa affermare "Dio mi è testimone che io procederò su questa strada", oppure "Resisterò" oppure "Troverò il modo per continuare".[13]

La tematica potrebbe essere stata richiamata nell'episodio V/4, che nel suo titolo "The Little Prince" ("Il Piccolo Principe"), in cui si parla del piccolo Aaron, il bimbo di LOST, rievoca il romanzo di Antoine de Saint-Exupéry (1900-1944), in cui l'Autore ha voluto insistere sulla necessità di riscoprire i veri valori della vita, i sentimenti superiori quali l'amore, l'amicizia, la solidarietà e la fratellanza come beni indispensabili per il cammino dell'uomo sulla terra.

Nel libro di de Saint-Exupéry, il Piccolo Principe è un bimbo proveniente da "B612", un asteroide sconosciuto e "lontanissimo dai 43 tramonti", che lui ha lasciato per sfuggire ad una rosa di cui si era innamorato.

Il suo apparecchio però, per un guasto al motore, precipiterà nel Sahara e lo costringerà ad altre esperienze.

---

[13] C. P. Estés, Donne che corrono con i lupi, Edizioni Frassinelli, Padova 2009, pag. 288

Durante il suo viaggio, il Piccolo Principe incontrerà una volpe saggia che gli insegnerà quali sono i veri valori della vita, l'essenza delle cose, fino al punto in cui acquisterà una nuova consapevolezza, anche se il prezzo che dovrà pagare sarà la perdita della sua amata rosa. Molto bella l'eredità che gli lascerà la volpe, che lo saluterà così: "Ecco il mio segreto. E' molto semplice: non si vede bene che con il cuore: l'essenziale è invisibile agli occhi".[14]

Il Piccolo Principe è quindi il simbolo della ricerca di ciò che è basilare per la propria felicità, è la riscoperta dell'autenticità e della spontaneità innate, che le asprezze della vita possono far perdere lungo la via.

E la spontaneità di un bambino fa parte del personaggio di Sawyer, forse proprio per quell'infanzia dura in cui era stato costretto a coltivare l'essere diretto, perfino brutale, per riuscire a tollerare la disperazione per la distruzione della sua famiglia. Eppure, è solo grazie ad un'esperienza così terribile che gli ha fatto nutrire per tutta l'infanzia e la giovinezza solo sentimenti di odio e di vendetta, che sull'Isola Sawyer andrà a cercare la sua anima e farà emergere la sua natura di fondo, farà emergere la sua umanità, perché sull'Isola ritroverà se stesso e quella parte bambina ferita e calpestata con la quale riuscirà a ricongiungersi, imparando a perdonarsi e a perdonare.

---

[14] A. de Saint-Exupéry, Il Piccolo Principe, Bompiani, Milano 2000, pag. 100

CHARLIE PACE

"Non è la nave di Penny"

Charlie Hieronymus Pace, detto Charlie, interpretato dall'attore Dominic Monaghan, è uno dei sopravvissuti della sezione centrale dell'aereo e un personaggio fondamentale in tutta l'economia della storia. Infatti, sarà attraverso lui e la sua morte che si potrà compiere il primo passaggio importante che poi porterà i *Losties* a comprendere i motivi della loro caduta sull'Isola nella Stagione Finale.

La sua storia viene illustrata fin dalla Iª Stagione, in cui apprendiamo che prima dell'Isola era bassista e compositore di un complesso rock, i *Drive Shaft*, creato assieme al fratello maggiore Liam; un gruppo che aveva raggiunto un periodo di discreto successo, grazie alla canzone composta da Charlie "You all everybody".

Ma se i primi tempi erano stati esaltanti per la notorietà ottenuta molto rapidamente, il gruppo si era gradualmente sfaldato, soprattutto per l'atteggiamento irresponsabile di Liam che, tossicomane, aveva introdotto Charlie all'uso dell'eroina, per poi abbandonarlo al suo destino.

E' in questa condizione di tossicodipendenza che facciamo la conoscenza di Charlie, sul volo "815" che lo sta riportando a Los Angeles, dove si era recato per convincere il fratello a tentare di nuovo la fortuna e a rimettere in piedi il gruppo musicale.

L'esperienza dell'Isola cambierà profondamente Charlie, facendogli recuperare la parte più solare della sua natura che aveva dimenticato ormai da molto tempo e contemporaneamente trasformando quella negativa, grazie all'amicizia e soprattutto all'amore.

L' ARCHETIPO DEL "MARTIRE"

Charlie è sicuramente una figura molto fragile, anche se positiva e nel fondo della sua natura candida e fiduciosa. Gli episodi che ci parlano di lui e che attraversano le prime tre Stagioni, ci presentano un personaggio dolce e pieno di buoni propositi, forse un po' superficiale ma dal cuore sincero e soprattutto desideroso - almeno nelle sue intenzioni coscienti - di darsi da fare per gli altri, a cominciare dalla sua famiglia, a cui è molto affezionato.

La sua indole sensibile ed artistica è ben illustrata nel II/12 "Fire and Water" ("Fuoco ed Acqua"), dove ci vengono date delle indicazioni sulla sua infanzia trascorsa accanto ad un padre insensibile e rude, un fratello che lo ama ma contemporaneamente prova invidie inconsce nei suoi confronti ed una madre molto religiosa che guarda a lui come ad un salvatore, a chi, grazie al suo innato talento musicale, avrebbe potuto aiutare la famiglia a migliorare economicamente il tenore di vita.

Queste forti aspettative materne graveranno sempre come un peso sulla coscienza di Charlie, rallegrandolo quando otterrà i primi risultati ed apprezzamenti per il suo lavoro di musicista, ma scoraggiandolo profondamente quando il successo comincerà a scemare e lui si ritroverà, per tamponare una condizione economica disastrosa, a truffare Lucy Heatherton, una giovane donna molto ricca che si era innamorata di lui e che gli aveva procurato uno stabile anche se modesto lavoro.

La sua mancanza di punti fissi, la disintegrazione del gruppo musicale che lui considerava "una famiglia", i sensi di colpa che lo affliggeranno nei confronti della madre e poi di Lucy, lo porteranno ad imbarcarsi verso l'Australia per raggiungere il fratello Liam, al quale Charlie aveva sempre guardato come un sostegno nella sua vita, un punto fisso a cui fare riferimento. Ma Liam lo tradirà, abbandonandolo proprio nel momento del bisogno: venderà il pianoforte di Charlie, a cui lui era molto affezionato e volerà in Australia per disintossicarsi dalla droga ed iniziare una nuova vita con la moglie e la figlia.

L'abbandono di Liam e il suo non rendersi conto di essere il diretto responsabile del declino e della rovina del fratello, il non aver potuto garantire alla madre l'aiuto su cui lei contava saranno le delusioni più cocenti che Charlie dovrà affrontare nella sua giovane vita e la drammatica base emotiva di partenza con cui precipiterà sull'Isola, dove dovrà reinventarsi un diverso futuro.

E, proprio l'impossibilità di potersi identificare con una sana figura maschile, porterà Charlie a ricercare un aiuto e una guida nel personaggio più carismatico dell'Isola, John Locke, che lo aiuterà gradualmente a disintossicarsi com'è illustrato nel I/7 "The moth" ("La falena"), a ritrovare fiducia in se stesso e a ricostruire un sano e più maturo orgoglio del suo stesso "essere uomo".

Questa trasformazione, come quasi tutte le trasformazioni dei personaggi maschili di LOST, avverrà grazie all'incontro con la sua "Anima" attraverso l'amore ricambiato per Claire Littleton, una ragazza madre sopravvissuta al disastro, che partorirà sull'Isola Aaron, a cui Charlie si dedicherà con molto amore, come se fosse suo figlio, la sua nuova ragione di vita. La fiducia che gli darà Claire, infatti, e soprattutto il potersi occupare e prendere cura del nascituro, il nuovo senso di responsabilità che proverà per difendere e proteggere Aaron dai pericoli che lo insidieranno, riabiliteranno la visione che il giovane ha di se stesso e gli permetteranno sia di riuscire a sentirsi ancora una volta parte integrante di un gruppo, così come ai tempi in cui si era sentito realizzato con i *Drive Shaft*, sia di offrirsi per un'azione giudicata molto pericolosa, ma altrettanto indispensabile per consentire a tutti gli altri di lasciare l'Isola e continuare il viaggio di salvezza verso casa.

Potrebbe essere quindi attivo in Charlie Pace non solo l'archetipo del "Salvatore" che abbiamo già incontrato in Jack Shephard e nella forma femminile in Kate Austen, ma anche quello del "Martire", un bisogno specifico della psiche che spinge l'individuo ad immolare se stesso per obbedire a una missione superiore, o permettere un miglioramento di vita alle persone cui è legato.

Questo bisogno di darsi da fare, che lui aveva nutrito nelle aspettative coscienti fin da bambino, assumerà sull'Isola un valore particolare che evolverà e nobiliterà l'archetipo, allontanando il rischio più comune della sua ombra, quale una certa tendenza al masochismo esasperato, che è la parte da redimere di questo modello psicologico e che per Charlie era rappresentata proprio dall'abbandonarsi alla droga, ma anche la tendenza ad un tratto d'intolleranza e insofferenza verso chi avesse osato semplicemente intromettersi nella nuova vita, che stava creando con la giovane Claire.

La riconoscenza di Claire e la graduale fiducia che lei recupererà nei confronti degli uomini, che aveva perduto dopo essere stata abbandonata incinta dal suo fidanzato, faranno coltivare a Charlie la presunzione di avere il diritto d'essere l'unica persona preposta ad aiutare la donna, ad avere un diritto su di lei nei confronti di Aaron, nonché sulle scelte che lei di volta in volta vorrà fare per sé e il suo bambino. Charlie sperimenterà bene le insidie dell'archetipo distorto quando, imponendo a Claire la sua presenza come unico tutore di Aaron, verrà da lei affrontato ed obbligato ad allontanarsi dal bambino.

Quest'ennesima delusione e la sofferenza che attraverserà per la tentazione di ricadere nella droga e per il riconoscimento di non avere più la sua "famiglia dell'Isola" lo costringeranno a cambiare certi atteggiamenti in un modo tutto nuovo d'interpretare se stesso. Infatti, quando ci sarà la necessità di sacrificarsi per un vantaggio collettivo, Charlie si offrirà non solo per salvare le due persone più importanti della sua nuova vita, ma anche gli altri compagni che aspettano da lui "quel gesto", in grado di permettere a tutti di tornare a casa.

La scena della sua morte è struggente e ad alta partecipazione emotiva: già vista in sogno dagli occhi visionari di Desmond Hume, uno dei personaggi più amati di LOST e protagonista del prossimo profilo, che gli chiederà di immolarsi per gli altri con queste parole "questa volta devi morire Charlie, se non lo farai, non ci sarà alcun salvataggio", la scena riassume in sé il dramma della morte per annegamento e un desiderio di riscatto spirituale che leggiamo negli occhi di Charlie, mentre si fa il segno della Croce e si abbandona al flusso delle acque.

La sua morte, sottolineata dalle note struggenti della musica "Life and Death" ("Vita e morte"), che ritroveremo come una costante di alcuni specifici momenti di passaggio in cui c'è la necessità che un ciclo si chiuda perché uno nuovo possa iniziare, può essere considerata come il primo momento cruciale nel cammino dei *Losties*, un "prima" e "un dopo" che avrebbe anticipato quello che poi si sarebbe presentato nelle Stagioni successive, che avrebbero riconosciuto al gesto di Charlie il valore del vero sacrificio, quello che va oltre l'Ego personale, perché lui s'immolerà non solo per la salvezza di Claire e di Aaron, ma di tutti i compagni di viaggio.

Fondamentale quindi la sua figura in tutta l'economia della storia e proprio in quei momenti in cui c'è bisogno che si arrivi ad uno sblocco per evitare che la situazione precipiti, pena la perdita del risultato finale.

Infatti, anche in VI^a Stagione, nel bellissimo episodio VI/11 "Happily Ever After" ("E vissero felici e contenti"), sarà proprio grazie a Charlie che Desmond Hume riceverà "l'illuminazione" giusta per far conoscere finalmente a tutti gli altri le motivazioni del loro viaggio e lo strumento per condurli a compierlo nel migliore dei modi.

DESMOND DAVID HUME

"A un'altra vita, fratello"

Fin dal suo ingresso in LOST, avvenuto nella IIª Stagione, Desmond David Hume, interpretato dall'attore Henry Ian Cusick, è stato visto come un personaggio "speciale" e indispensabile al compiersi dell'intera storia, a tal punto da spingermi a considerare il suo "giro di chiave" come l'avvio allo snodarsi di tutte le tematiche simboliche e metaforiche che LOST racchiude e che ho provato a raccogliere in questo libro.

Sarà sempre lui che comparirà nella storia in tutti quei momenti in cui sembra presentarsi un *empasse* che ferma il cammino dei *Losties* e sarà sempre lui in grado di farli riflettere sulla necessità di apportare quei cambiamenti e quelle trasformazioni che si sarebbero rivelate risolutive per dare un senso all'intero viaggio.

Innamorato da sempre di Penelope Widmore, Desmond si infilerà suo malgrado in una serie di eventi che lo costringeranno a lasciare l'amata e a mettersi in viaggio per approdare sull'Isola, dove avrà il compito di "push the button", "premere il pulsante" nel computer della Stazione *Dharma* "Il Cigno", ogni 108 minuti, con lo scopo non solo di aiutare i *Losties* ma, soprattutto, "salvare il mondo".

L'ARCHETIPO DEL "VIANDANTE"

Nella figura e nella storia di Desmond Hume si potrebbe facilmente rintracciare l'archetipo junghiano del *"Viandante"*, inteso come la tensione innata dell'animo umano che spinge l'individuo ad ampliare i propri orizzonti, a cercare altre spiagge in cui poter saziare la sete di conoscenza che è viva dentro di lui, non solo del mondo geografico, ma soprattutto del suo ricco mondo interiore, che lo induce all'incontro con se stesso.

E' un archetipo che ritroviamo espresso nella figura dell'Ulisse omerico che, pur avendo dentro di sé la volontà cosciente di ritornare a casa, ad Itaca, dove lo attendono la sua sposa e la sua gente, esprime quella dimensione mitica altrettanto potente che spinge l'individuo a non fermarsi, perché sa che solo attraverso il movimento e la scoperta di nuovi mondi può approdare a nuove conoscenze, ma soprattutto può colmare gli interrogativi ed i dubbi su quanto di sconosciuto ci sia da illuminare del suo complesso mondo emotivo.

E' per questo che l'archetipo del "Viandante" è anche una costante quasi fissa dell'individuo lacerato tra la scelta di una vita convenzionale ed inquadrata secondo gli schemi tradizionali, familiari e sociali più consolidati, che lo spinge ad obbedire a regole collettive per sentirsi integrato e soprattutto accettato dal mondo che viene definito "normale" e l'imprescindibile spinta ad essere se stesso, ad esprimere la propria autenticità, nonostante il rischio di incontrare sulla via l'emarginazione, la solitudine e il fallimento. Attraverso l'esperienza personale infatti, l'individuo avrà la possibilità di confermare i principi ed i valori ereditati oppure metterli in discussione, aprendosi ad un nuovo modo di concepire l'esistenza, spesso totalmente sganciato dal pensiero comune, ma che impregna e rispecchia fino in fondo la sua essenza più vera.

Per questa dicotomia interna, l'archetipo viene spesso vissuto dall'individuo con inquietudine per l'inevitabile lacerazione che si crea tra il naturale bisogno di normalità che fa sentire integrati ed il riconoscimento di trovarsi spesso calato in una condizione esistenziale di estraneità totale, perché il risultato delle sue scelte non si allinea a quanto gli schemi convenzionali e collettivi spingono a realizzare, che essi siano riferiti alla vita familiare, a quella sentimentale o alla propria realizzazione professionale.

Nei testi ermetici è presente il concetto per cui il viaggio, il viandante e la destinazione siano la stessa cosa, tanto è irresistibile la spinta alla ricerca che è racchiusa in questo archetipo; il "Viandante" non può fermarsi, ma il viaggio non è importante per la meta che propone, quanto per l'esperienza che potrebbe offrire sulla via.

Per chi si sia identificato in quest'archetipo, è l' "andare" lo scopo del viaggio e non l' "arrivare"; la meta non è fondamentale tanto quanto quello che si può sperimentare "andando verso la meta" a tal punto che, quando il viaggio è finito, anche la tensione energetica che sprigiona la ricerca si spegne. Da qui il "moto perpetuo" che s'incontra nella persona che si sia identificata soprattutto in questa figura archetipica, un individuo che si serve del movimento all'esterno per poter gestire il movimento interno dei molti dubbi e degli interrogativi che affollano il suo cuore. Attraverso il contatto col mondo naturale e geografico che su di lui ha un richiamo irresistibile, il "Viandante" tranquillizza se stesso e mantiene il contatto con la sua Anima, perchè grazie all'incontro con ciò che il viaggio riflette della sua intima natura, avrà la possibilità di scendere dentro di sé ed interrogarsi; rileggendo il suo passato ed analizzando le motivazioni delle sue scelte, potrà finalmente impegnarsi per la loro realizzazione senza cadere nel dubbio, perché avrà finalmente definito le sue priorità e ciò che può dare senso alla sua vita.

Scrive Murray Stein, nel citato "Il principio d'individuazione": "Un processo d'individuazione esige che si mettano in discussione le nostre più importanti certezze culturali e le convinzioni alle quali siamo più affezionati. Questo vuol dire lasciare andare le precedenti identificazioni ed essere aperti ad esplorare ciò che è sconosciuto e spesso sgradevole. Deve esserci un atteggiamento aperto nei confronti dell'Altro e la disponibilità ad entrare in dialogo con quell'elemento straniero. L'elemento estraneo verrà così integrato in noi stessi, ma verrà integrato anche il rimosso, l'oscuro, lo spaventoso e il dimenticato". [15]

Lo scrittore ci ricorda anche come alcuni viaggi geografici compiuti da Jung - come quello di tre mesi che fece in Africa - operarono per la sua individuazione, per comprendere meglio il bisogno imperioso di differenziazione dagli schemi collettivi, attraverso la necessità di operare una separazione dalla cultura europea, per poter pervenire all'unione con la specificità della sua natura.

L'errare è quindi sinonimo non solo del bisogno di allargare le proprie conoscenze, ma anche dell'impulso a scoprire tutto ciò che non si conosce di sé, della propria natura essenziale.

---

[15] M. Stein, Il principio d'individuazione, Moretti & Vitali, Bergamo 2010, pag. 140

L'errare presuppone anche il perdersi, che diventa contemporaneamente il prerequisito per ritrovare se stessi, per individuare l'unica destinazione non più geografica ma psicologica, specifica e personalissima che cerca la propria anima.

Se volessimo rintracciare l'archetipo in un soggetto cinematografico che evochi questi temi, lo potremmo vedere ben rappresentato dal protagonista del film "Into the wild" "Nelle Terre Selvagge" (1997) di Sean Penn.

Christopher McCandless, con le belle citazioni che fa dei suoi scrittori preferiti, Byron, Tolstoj, London e Thoreau, è l'espressione vivente dell'inquietudine che vive nel cuore dell'individuo costretto ad una vita uniformata a schemi collettivi e per questo coraggiosamente spinta in un territorio sconosciuto in cui ritrovare se stesso, confrontando l'esterno con l'interno, la forza con la debolezza, la libertà col limite, la regola con la trasgressione e solo a quel punto scegliere in autonomia per realizzare ciò che desidera.

Una volta divenuto Alex Supertramp e dopo essere riuscito ad illuminare la sua anima che il mondo selvaggio riflette, Christopher diventa "il viandante" alla volta di una meta geografica, l'agognata Alaska, che non esprime altro che il desiderio di raggiungere in solitudine una destinazione spirituale, in cui incontrarsi con la propria verità.

"Non l'amore, non i soldi, non la fede, non la fama, non la giustizia, datemi la Verità" (H. D. Thoreau).

Nel momento in cui raggiungerà l'Alaska, Alex sentirà di essersi finalmente ricongiunto con se stesso, anche se dovrà pagare un prezzo per la presunzione di potenza che nutrirà in questa nuova dimensione: ormai certo delle nuove competenze che ha accumulato sul mondo naturale che lo circonda, sull'uso delle erbe e sui loro poteri medicamentosi, Alex non riconoscerà una pianta velenosa e se ne ciberà, segnando così la sua fine, simbolo del limite che l'uomo deve saper dare alle sue passioni per non esserne travolto, nonché alla presunzione di poter controllare la vita soltanto col sapere, la conoscenza delle cose o la semplice volontà.

C'è infatti nell'archetipo un bisogno inconscio di andare oltre il consentito, di assecondare la propria smania di ricerca senza porsi alcun limite, spingendosi sempre più in alto ed infrangendo quelle regole naturali e di buon senso che dovrebbero essere tenute presente dalla stessa condizione umana.

E' per questo che l'archetipo si può collegare ad altri miti greci in cui l'orgoglio ed la sopravalutazione delle proprie forze spingano l'individuo a gesti velleitari e sconsiderati, primo tra tutti il mito di Prometeo che, proprio per la sua capacità di visualizzare in anticipo ciò che agli altri uomini non era dato fare, trasgredendo ad un dogma preciso, ruba il fuoco sacro agli dei, esponendosi al castigo divino per aver peccato di superbia; oppure quello dello sprovveduto Icaro, figlio di Dedalo costruttore del labirinto di Cnosso, che avvicinandosi troppo al sole, viene tradito dalle sue ali di cera e precipita in mare.

Scrive C. S. Pearson in "Riconoscere l'eroe dentro di noi": "Le storie di Prometeo ed Icaro non vogliono scoraggiare la ricerca. Ci mettono semplicemente in guardia contro la presunzione e la superbia, contro il volare più in alto di quanto si ha la capacità o il diritto di fare. Non è il tentativo di ascendere che è punito in queste storie, ma piuttosto la presunzione e il non rispetto dei limiti appropriati".[16]

Il vagare di Desmond in mezzo al mare, con una barca "piovutagli dal cielo", potrebbe essere la metafora della spinta ad oltrepassare questi confini, mettendo a rischio la sua vita per capire chi è; un moto irrefrenabile ed imperioso a cui Desmond, a malincuore, non potrà sottrarsi e che gli costerà, almeno fino alla IV^a Stagione, la perdita di Penny e di tutto ciò che, con pazienza e costanza aveva cercato di costruire nella sua vita.

C'è da sottolineare questa scelta particolarissima degli Autori di agganciarsi a nomi del mito, come nel caso di Penelope Widmore, archetipo della donna fedele e che rievoca la sposa di Ulisse, oppure attinti dal mondo della letteratura e della filosofia, come lo stesso cognome di Desmond che si rifà a David Hume (1711-1766), il filosofo padre dell'illuminismo scozzese nonché il pensatore più radicale tra gli Empiristi Britannici, il cui pensiero si fondava sulla necessità di riconoscere come la ragione non avrebbe mai dovuto prendere il sopravvento sulla spontaneità delle emozioni e su quello che il cuore, più che la mente, suggerisce di fare.

Questa scelta degli Autori di appoggiarsi a figure famose della storia, della filosofia e soprattutto del mito sembra solo apparentemente fatta a caso, ma in realtà potrebbe confermare lo spunto innovativo di tutto il *team* che ha collaborato a creare questo prodotto televisivo, forse con il sottinteso invito fatto allo spettatore più incline al messaggio metafisico a trascendere la storia in sé e per sé e ad aprirsi ad un significato più universale della conoscenza e della comprensione dell'umana natura.

Desmond e Penny sono l'archetipo dell'amore ideale.

---

[16] C.S. Pearson, Risvegliare l'eroe dentro di noi, Astrolabio Ubaldini, Roma 1992, pag. 148

Tanto quanto l'amore tra Sawyer e Kate è intenso e spinto ai limiti della sopportazione perché tirato tra la passione e l'indifferenza, tanto l'amore di Desmond e Penny è romantico ed ideale. Un amore che vede il passaggio da *Eros* ad *Agape* perché disinteressato, perchè la rinuncia e il sacrificio nobilitano e sublimano il sentimento, spingendolo a vette quasi mistiche di annullamento di sé, per il bene e la felicità della persona amata.

Un amore archetipicamemente ostacolato dal padre di Penny, Charles Widmore, interpretato dall'attore Alan Dale, altra figura di padre Cronos che allontanerà più volte i due innamorati, perché non considera Desmond all'altezza della figlia.

Ciò non farà altro che rafforzare ancor di più l'intensità del loro sentimento e radicare nella mente di Desmond, dopo l'ennesima divisione, l'assoluta volontà cosciente di ricongiungersi all'amata, nonostante tutto e al di là di tutto, perché convinto che non ci sarà felicità al mondo che lo potrà appagare tanto quanto lo stare con lei.

Eppure, anche se nella Vᵃ Stagione abbiamo visto il loro ritrovarsi e la nascita del piccolo Charlie, dopo tutte le peripezie che li avevano visti rincorrersi senza peraltro potersi raggiungere, l'inizio della VIᵃ Stagione prospetta una nuova separazione, forse perché Desmond potesse assolvere a quel compito superiore che gli era stato profetizzato e che lo costringeva ad una missione superiore, che andava oltre la sua vita personale.

Così come Ulisse non si era fermato dopo il suo ritorno ad Itaca, nonostante la gioia di essersi ricongiunto a Penelope, anche Desmond non potrà fermarsi, forse perché nulla avrebbe potuto iniziare sull'Isola senza il suo operato, così come nulla si sarebbe potuto compiere senza la sua partecipazione alla conquista finale.

Per questa sua incapacità di poter pianificare la sua vita seguendo i desideri ed i sogni personali, per questa inconscia spinta verso la diversità, quando tutto ciò a cui aspira Desmond è una vita "normale", fa di questo personaggio anche l'archetipo del bisogno dell' "altrove" che c'è nell'animo umano e cioè la ricerca di ciò che potrebbe saziare quel bisogno di Assoluto e di Eterno in cui l'anima vorrebbe annullarsi e finalmente lasciarsi andare, per riuscire ad interrompere la tensione a conquistare qualcosa che appaia irraggiungibile, per poi distanziarsene di nuovo nell'attimo stesso in cui la si potrebbe afferrare e continuare così, a cercare ancora, non si sa dove, o come o perché, si sa solo che non è lì che ci si può fermare.

Ma in fondo, questo non è altro che il moto dell'onda in mezzo al mare, che si muove senza sosta fra mille correnti contrarie al fine di raggiungere la riva, ma che ritorna indietro a cercare ancora, proprio nell'attimo in cui l'ha toccata.

L' ARCHETIPO "DIONISO"

La tensione inconscia di Desmond, drammaticamente spinto alla ricerca di un territorio di frontiera in cui mettersi alla prova, la presa di distanza da un universo di valori che non può essere confermato se non dopo essere stato sottoposto al vaglio personale, si possono ritrovare anche nelle tematiche suggerite dal mito di Dioniso, il Bacco dei Latini, il "Viandante" e lo "Straniero" per eccellenza, dio del vino, dell'ebbrezza e della trasgressione, così come della salvezza e della liberazione. Un archetipo anch'esso messo in relazione al desiderio di sconfinare in dimensioni più allargate della conoscenza, che possano riempire quel senso di vuoto con cui l'uomo combatte da sempre e che è strettamente collegato alla sua condizione di creatura imperfetta, fallibile e in cerca di risposte.

Un modello che si colora degli eccessi del dio, simbolo dell'estasi amorosa ma anche dell'ossessione, della fusione e condivisione emotiva, ma anche del distacco e della fuga, bisogni contrari ed opposti che non sono altro che lo specchio del bisogno di mediare tra le contraddizioni che tormentano l'animo umano quando sia costretto ad incontrarsi col regno dei contrari: il coraggio e la paura, la forza e la fragilità, la passione e l'indifferenza, la libertà e l'appartenenza, la norma e la trasgressione.

In LOST, le grandi dualità della vita si scontrano già dalla prima Stagione. Si scontrano bisogni e desideri, si scontrano paure: il bisogno d'amore, per esempio, si scontra con la paura di perdere la libertà, il bisogno d'autonomia si scontra con la paura della solitudine, il bisogno di novità si scontra con la paura dell'ignoto, quello di pace con quello d'affermazione, quello d'affermazione con la paura di fallire, quello di solidarietà e condivisione con i personalismi, gli egoismi senza fine. Tutti i personaggi, chi più chi meno, saranno chiamati dall'Isola e dagli eventi che si susseguiranno ad elaborare questi contrasti per arrivare ad un'integrazione, ad un modo più flessibile e più autentico di vivere l'esperienza.

In LOST, non sembra ci siano certezze di alcun tipo. Ciò che fino ad un certo punto della storia poteva apparire come l'unica cosa giusta da fare sarà sistematicamente sconfessato da eventi apparentemente casuali, ma che in realtà sembrano scelti dall'Isola per far riflettere i *Losties* sulla precarietà delle loro certezze e sulla labilità delle sicurezze materiali e psicologiche che giorno dopo giorno e faticosamente cercano di mettere insieme.

Scrive C.S. Pearson in "Risvegliare l'eroe dentro di noi": "Paradossalmente è solo quando siamo giunti a comprendere l'impossibilità di considerare una cosa qualsiasi per certa, dato che siamo tutti assolutamente prigionieri della nostra soggettività in un universo dove tutto è relativo al contesto, è solamente allora che possiamo abbandonare la presa, smettere di affannarci, per conoscere e lasciare che la verità entri nella nostra vita come un dono". [17]

A quel punto il libero arbitrio si conferma nella relazione che l'individuo ha non con un concetto astratto d'identità o di coerenza mentale, ma con quello che di volta in volta scopre di dover scegliere conformemente a ciò che è diventato, anche se ciò che è diventato contraddice l'idea di ciò che pensava d'essere e di ciò che voleva diventare.

Il mito della nascita di Dioniso/Zagreo, il "nato due volte", ha più versioni, di cui la più diffusa narra di come sua madre, la principessa Semele, dopo essere stata amata da Zeus ed ingannata dalla gelosa Hera, fosse stata dal dio stesso incenerita perché impreparata a sopportare la vista della folgore divina. A quel punto Zeus, impietositosi e soprattutto per permettere al bambino che Semele aveva in grembo di nascere nonostante la fine della madre, lo aveva cucito all'interno della sua coscia come se fosse un'incubatrice, consentendo così a Dioniso di venire alla luce, quando fosse arrivato il giusto tempo. Una volta nato, il piccolo era stato allontanato per sfuggire alla vendetta di Hera ed allevato sui monti dell'Arcadia da alcune ninfe, crescendo a contatto col centauro Sileno che gli aveva insegnato l'arte del vino, ma soprattutto era stato introdotto alla sensibilità del mondo femminile, affinando il carattere e crescendo in un'atmosfera di grazia e sensibilità, a tal punto da essere definito da Euripide *Gynnis* "dalle forme di donna".

Alla sensibilità e alla dolcezza tipicamente femminili, in Dioniso si affiancavano doti di grande virilità e coraggio, che il dio ebbe modo di mostrare durante le battute di caccia e le molte campagne belliche che costellano il suo mito. Infatti, una volta adulto, Dioniso aveva iniziato una vita errabonda alla ricerca di nuove avventure in cui cimentarsi come valente guerriero, costantemente contornato da Satiri e Baccanti, con i quali condivideva quegli eccessi che avrebbero poi caratterizzato l'ossatura del suo mito.

---

[17] Ibid., pag. 237

I racconti che ce ne fanno gli storici infatti, riportano episodi in cui lui sfidava costantemente l'ordine costituito per portare un impulso istintivo lì dove vigevano regole rigide e precostituite, dove imperava un allineamento a valori e consuetudini patriarcali che il modus vivendi del dio minava alla base, instillando smanie di trasgressione lì dove l'ordine costituito si stava facendo asfissiante.

Dioniso è il "dio dell'ossessione", della spinta ad immergersi senza paura in ogni esperienza di vita che, tanto più è estrema, quanto più è ricercata. Dioniso è il simbolo dell'estasi e della disperazione che si provano nell'attimo in cui si rivelano gli opposti, il cui superamento permette all'energia psichica che si sprigiona grazie al loro contatto di andare oltre la sofferenza di quella rivelazione per giungere ad una nuova sintesi, uno stadio di mezzo dell'essere che risulta così totalmente trasformato e rigenerato.

La stessa pratica del vino, simbolo dionisiaco per eccellenza, rientra in questa tematica di ricerca di quel "non luogo" psichico dove è possibile tentare questa ricomposizione, a tal punto che il vino nel mito dionisiaco assume un valore religioso, dal latino "re-ligere" e cioè riunire gli impulsi contrari e troppo a lungo repressi senza temerli, con lo scopo di poter trovare un bilanciamento ed un giusto mezzo che possa ricomporli, senza ricorrere alla negazione di uno dei due poli, attraverso la proiezione.

E' forse questa la spiegazione del simbolo della bilancia che troviamo presente in un quadro nel VI/11 "Happily Ever After" ("E vissero felici e contenti"), con pedine bianche su un piatto, in equilibrio con quelle nere sull'altro: la capacità di soppesare le varie spinte mettendole in equilibrio tra loro e non negarne una, facendo prendere il sopravvento all'altra, può essere la via per l'integrazione di parti contrapposte che vanno soltanto equilibrate.

Al dio Dioniso è anche legato il tema dell'apparizione e sparizione improvvise, quando al culmine dell'estasi più rapita spariva tra le acque del mare, occultandosi agli occhi di tutti; una tematica ben rintracciabile nell'individuo in cui sia vivo questo modello divino di esprimere sia la profonda sensibilità e capacità di sintonizzarsi su dimensioni estatiche dell'esperienza, sia la volontà di distanziarsene per l'incapacità di sostenere la potenza ma anche la continuità di queste emozioni, che chiedono tempo per essere visualizzate ed integrate nella coscienza.

Tra le molte versioni collegate alla sua nascita, in quella che vede Zeus affidarlo ai Cureti per sottrarlo alle ire della moglie, si racconta come da bambino fu attirato dai Titani che, per punirlo di aver rubato loro uno specchio, lo fecero a pezzi, fin quando Athena interruppe lo scempio, prese il cuore di Zagreo, lo rinchiuse in una teca, regalandogli l'immortalità. Le sue ossa furono raccolte e sepolte nel tempio di Apollo a Delfi, mentre sui Titani infierì la folgore di Zeus, fino a quando non ne furono inceneriti. L'epiteto del dio "il nato due volte" può simboleggiare il passaggio iniziatico obbligato che dovrà affrontare l'individuo per arrivare all'unità psichica passando dallo stato cosciente a quello inconscio dell'essere per poi ritornare alla coscienza, dopo che l'Io si è ricongiunto col Sé, obiettivo finale del percorso d'individuazione. Un traguardo che potremmo definire mistico, dove non c'è più separazione ma comunione tra l'Io e il Sé, in uno stadio di completezza finale che Jung definiva "il farsi totale dell'uomo psichico".

Si può comprendere quindi quanto sia indispensabile alla coscienza l'esperienza della dimensione "Dioniso" che può permettere all'individuo di conoscere la Verità, di rientrare in contatto con la propria autenticità e, proprio per questo, unicità. Non a caso, il dio veniva anche venerato come "il dio della Verità" tanto che, nel *Vaso François* di Firenze (570 a.C.), a lui è riservato il privilegio della frontalità. Il suo messaggio appariva sempre diretto e chiaro, come a voler significare che solo dopo essere passato attraverso il contatto col duale, l'individuo potrà risolvere anche i conflitti interiori e finalmente scegliere con coraggio ciò che desidera realizzare.

D'altra parte, se si va alle origini del mito, Apollo e Dioniso non erano divinità contrapposte tra loro, ma complementari: erano infatti venerati come divinità fondamentali da accogliere ed onorare, perché archetipi entrambi indispensabili all'uomo per raggiungere l'equilibrio interiore. Apollo, dio del sole e simbolo del pensiero lineare, insegnava il distacco dalle passioni e la tensione alla chiarezza mentale, Dioniso, emotivo e carnale insegnava il contatto col corpo, con l'impulso e l'istinto più vitale: due dimensioni che per gli antichi greci non potevano prescindere l'una dall'altra, tanto che la tomba di Dioniso si trovava nel santuario dedicato ad Apollo a Delfi, dove entrambi gli dei erano venerati con pari dignità, il primo durante i mesi invernali e il secondo per il resto dell'anno.

La negazione delle spinte dionisiache a favore di quelle apollinee trova un chiaro passaggio nella leggenda di Procuste, il mitico personaggio che sostava davanti alle porte di Atene ed obbligava chi volesse entrare nella città divina, simbolo degli ideali collettivi da seguire, a stendersi sul suo letto per testare se fosse degno o meno di entrare tra coloro che erano considerati i migliori della comunità ateniese. Procuste ne misurava la lunghezza allungando le membra se risultavano corte ed accorciandole senza pietà, se superavano le dimensioni del letto.

E' il chiaro riferimento al fatto che per sentirsi adeguato alle richieste del collettivo di una società ideale, giudicata perfetta ed uniformata a certe convenzioni, l'individuo potrà essere costretto a rinunciare a molto della propria autenticità e a modellarsi su quelli che sono le pressioni del pensiero collettivo. Qualsiasi cosa della propria essenza appaia inaccettabile agli occhi degli altri, o troppo avulsa dai modi di comportamento scelti dalla massa che fanno sentire "normali", verrà sacrificata sul letto di Procuste, per non passare attraverso la vergogna, il rifiuto e l'emarginazione.

Nelle donne, questa "mutilazione" potrebbe riguardare la non accettazione della propria femminilità quando verrà vista come un peso, una limitazione all'espressione di sé, o quanto meno un impedimento a raggiungere quei riconoscimenti che il patriarcato ha dato in esclusiva al mondo maschile e negli uomini potrebbe comportare la non accettazione della propria sensibilità, del proprio mondo emotivo, sempre visto con diffidenza, perché è pensiero comune che le emozioni e l'espressione dei sentimenti non siano appropriati alla natura razionale e controllata dell'uomo. Ma che sia stato proprio Teseo, eroe dell'Attica, a sconfiggere Procuste, infliggendogli la stessa pena a cui lui sottoponeva gli sventurati che volevano entrare ad Atene, è il simbolo della difesa coraggiosa dei valori personali che l'individuo non avrà timore di fare, una volta che abbia riconosciuto la propria unicità e l'importanza del suo contributo specifico da dare al mondo.

L'invito alla conoscenza di sé che si leggeva scritto sul tempio di Apollo a Delfi (*gnosi se auton*, conosci te stesso) lo ritroviamo anche in molte delle discipline orientali, ma forse con una differenza sostanziale: non ci si può conoscere se non ci si ri-conosce, a tal punto che indispensabile per questo viaggio di conoscenza diventa il cammino a ritroso, quel "tornare indietro" così presente in LOST che diventa lo strumento ideale per rivedere la propria storia ed operare quei cambiamenti che si rendono necessari per non scivolare verso il cinismo, la disillusione e la perdita d'umanità, riappropriandosi di tutte quelle parti creative che un difficile passato ha congelato e murato nell'inconscio.

Scrive Aldo Carotenuto, psicoterapeuta junghiano: "Bisogna comprendere l'importanza di questo processo di autoconoscenza, il quale procede seguendo un percorso, per così dire, a spirale. Esso non è mai un dipanarsi lineare di sola ascesa, ma un procedere vario che comporta anche l'arresto o la retrocessione, il ritorno ai luoghi delle origini della propria "archè", quel "da dove" che spiega e chiarifica il nostro "andare verso". [18]

---

[18] A. Carotenuto, Integrazione della personalità, Bompiani, Milano 2007, pag. 119

In LOST, soprattutto nella V^a Stagione, è presente questo ritornare alle origini dei vari personaggi, ai fatti e agli eventi salienti della loro infanzia che viene ripercorsa per trovare le motivazioni più profonde dei loro modi di fare sull'Isola e per sottolineare come i comportamenti dell'età matura potevano essere compresi e migliorati solo "tornando indietro" e cioè ripercorrendo gli eventi dell'età infantile, a cominciare dai rapporti con i genitori e con l'habitat più circoscritto. L'invito è strettamente collegato alla necessità di recuperare quella parte "bambina divina", di cui abbiamo già parlato nel profilo di James Ford e che è strettamente collegata a Dioniso, ricordato nel mito assieme a Hermes come "fanciullo divino".

Scrive J. S. Bolen nel suo "Gli dei dentro l'uomo": "L'archetipo Dioniso è fatto oggetto di una rimozione attiva negli uomini. Se l'archetipo viene rimosso e con esso l'aspetto del fanciullo divino, nascono alcune difficoltà: la sensazione di inautenticità o di contatto, insieme alla vaga sensazione di trascurare qualcosa di importante, o di condurre una vita priva di significato". [19]

L'espressione "Going back", che sentiamo ripetere lungo la storia è una costante di LOST.

Ogni personaggio durante il racconto che si snoda per sei Stagioni, in un modo o nell'altro ricorre a quest'espressione, fino al grido disperato "We have to go back", "Dobbiamo tornare indietro" che Jack urlerà a Kate nell'ultimo episodio della III^a Stagione, "Through the Looking Glass" ("Attraverso lo Specchio"), come se intuisse - senza ancora comprenderne il motivo - che solo tornando sull'Isola e quindi riprendendo contatto col suo vero sé, avrebbe potuto sentirsi vero e soprattutto libero.

E' per questo che il mito dionisiaco non è solo collegato alla follia e alla trasgressione, al caos e alla disperazione, ma anche alla salvezza e alla liberazione.

Dioniso è "il grande liberatore".

Dalla prigionia degli Inferi infatti, aveva liberato la madre Semele, che fu poi accolta tra gli dei dell'Olimpo nonostante fosse una mortale e a lui si deve anche il gesto umano di aver salvato Arianna, la figlia di Minosse che, dopo essere stata abbandonata sull'isola di Nasso da Teseo, era stata da lui liberata ed immortalata nella Costellazione della Corona Boreale.

---

[19] J.S. Bolen, Gli dei dentro l'uomo, Astrolabio Ubaldini, Roma 1989, pag. 256

La presenza e l'importanza delle figure femminili è una costante del mito dionisiaco, quasi a sottolineare che l' "Anima" femminile dell'uomo può crescere proprio attraverso il contatto con dimensioni psichiche più sottili, proprie della sfera femminile e che sono più difficili da contattare da parte dell'individuo che si sia concesso di vivere so l'archetipo virile e competitivo che la tradizione mitica collega al dio greco Ares, la qualità più diffusa e collettivamente apprezzata del modello maschile.

Non sembra quindi un caso che Desmond Hume entri in contatto soprattutto con figure femminili, che avranno nella sua storia un ruolo fondamentale, così come l'amata Penny e poi Elizabeth Smith, detta Libby, che gli donerà *l'Elizabeth*, una barca per competere in una regata intorno al mondo e con la quale approderà sull'Isola e infine Eloise Hawking, il cui invito a "salvare il mondo" diventerà un ordine imperioso a cui Desmond, anche se a malincuore, non potrà sottrarsi.

Questa comunanza ed affinità col mondo femminile tipica dell'archetipo dionisiaco, è anche rintracciabile nella figura dello *sciamano* delle società tribali, il quale - attraverso una condizione d'estasi - andava oltre la razionalità, oltre il mondo del pensiero ed entrava in contatto con forze e presenze ignote, con energie più profonde, intuizioni e visioni, proprie del mondo femminile più che di quello maschile, che gli permettevano di attuare un'opera di mediazione ed intercessione tra il maschile ed il femminile, tra la razionalità e l'impulso, tra la logica e l'intuizione, tra il corpo e lo Spirito.

Mircea Eliade che definisce lo sciamano "signore del fuoco", nel suo "Lo sciamanesimo e le tecniche dell'estasi", scrive: "L'ascensione e il volo magico hanno un posto di prim'ordine nelle credenze popolari e nelle tecniche dell'India. Infatti, innalzarsi negli spazi, volare come un uccello, superare fulmineamente distanze immense, scomparire, sono tra i poteri magici che il buddismo e l'induismo riconoscono agli arhat, ai re e ai maghi. L'estasi sciamanica può essere considerata come una riattualizzazione di quel tempo mitico nel quale gli uomini potevano comunicare in concreto col cielo". [20]

Un'altra tematica collegata al mito dionisiaco è quella che vede lo scontro tra regola e trasgressione.

---

[20] M. Eliade, Lo sciamanesimo e le tecniche dell'estasi, Edizioni Mediterranee, Roma 1974, pagg. 434/535

Fin dalla 1ª Stagione, ci sono momenti in cui i dispersi alternano il bisogno di vivere la vita secondo un ideale comportamentale ragionevole ed equilibrato e momenti in cui si abbandonano alla ribellione o a gesti inconsulti fino al punto da essere giudicati folli, perché continuamente sfidati dall'Isola a vivere pericolosamente e quindi costretti anche a tentare una mediazione tra la ragione e il sentimento, tra la testa e il cuore.

Desmond, fin dalle prime battute in cui è apparso sulla scena, si è rivelato un anticonvenzionale, totalmente inconsapevole di quest'imprinting della sua natura, ma inesorabilmente trascinato dal suo inconscio ad esprimersi in autenticità, nonostante questo poi l'abbia esposto a rifiuti ed umiliazioni. Ricordiamo che il II/23 "Live together, Die Alone" ("Si vive insieme, si muore soli") si apre con Desmond che viene allontanato da una prigione militare "con disonore" dall'Esercito Scozzese delle Forze di Sua Maestà, per aver infranto le ferree regole militari che gli impedivano di raggiungere la verità. E nel IV/5 "The constant" ("La costante"), alla ricerca di un punto fermo in cui ancorare la sua coscienza nei viaggi temporali a cui è sottoposta, c'è tutta la drammaticità del suo personaggio, lacerato dalle sue contraddizioni, quando ricerca a tutti i costi la normalità e nello stesso tempo è trascinato a seguire le sue visioni interiori.

Ma in Desmond c'è anche una pulsione inconscia verso il "sacro", un desiderio di misticismo e di spiritualità che ce lo rendono caro proprio per questa conflittualità. Ricordiamo che nel III/17 "Catch-22" ("Piovuta dal cielo") lo ritroviamo nella cella di un'abbazia, intento nella lettura della Bibbia ed in una condizione davvero particolare: quella di rispettare "il fioretto del silenzio", per dimostrarsi degno della vita conventuale.

Ma non era certamente questa la vera vocazione di Desmond, così come non lo era quella legata alla mondo militare: quando Fratello Campbell, il religioso che lo aveva accolto nel suo convento perché Desmond ritrovasse se stesso nel silenzio della vita monastica, lo aveva trovato completamente ubriaco ed in uno stato di totale abbandono, non se ne era preoccupato più di tanto ma, invitandolo a lasciare il convento, lo aveva spinto a scoprire la sua vera strada con queste parole: "Hai passato troppo tempo a scappare per renderti conto di quale sia la tua vera destinazione. Dio ha progetti più grandi per te". E Desmond, proprio all'uscita del convento, aveva incontrato Penny, dando una svolta diversa a tutta la sua vita.

C'è quindi un qualcosa d'imprescindibile in questo modo di cercare la verità a cui vediamo tendere Desmond prima dell'Isola, un atteggiamento che lo vedrà spesso cadere in confusione ed in quegli stati alterati che sono alla base dei suoi balzi di coscienza, che potrebbero essere assimilati agli *insights* della psicologia cognitiva che spalancano alla funzione intuitiva, consentendo l'allargamento in consapevolezza della coscienza stessa. E' probabile che proprio grazie a questi "scollamenti" e scambi energetici tra coscienza ed inconscio, che la neuropsicologia e la psicobiologia rintracciano anche a livello neuronale, come se fossero una scintilla mobile ed improvvisa che si genera all'interno della mente senza essere collegata a fatti riferibili al mondo esterno, che si potrebbe generare quel potenziale particolare che fa di Desmond un profeta, un visionario che "vede il futuro", che sa profetizzare e rendere manifesto ciò che è oltre la verità apparente, proprio così come il mito riconosceva come prima qualità a Dioniso, il dio del vino.

Il prezzo che Desmond dovrà pagare per questo suo dono sarà certamente il precipitare e a più riprese in uno stadio di tormento e confusione, che se da una parte farà accedere la sua coscienza a dimensioni più allargate, nello stesso tempo gli causerà sgomento e costernazione, proprio per l'impossibilità di trovare un punto fermo in questi spostamenti che lo porteranno avanti ed indietro nel tempo, lungo le varie Stagioni.

Non sappiamo cosa fossero questi "viaggi", forse sogni? ricordi? deja vù? Certo è che, proprio grazie a questa sua particolarità, Desmond riuscirà ad anticipare certi eventi e spingerà i suoi compagni a prendere decisioni appropriate e risolutive per l'esperienza che stanno vivendo. Infatti, predirà l'abbattersi di un fulmine sul campo in cui si trovano i sopravvissuti, nonché altre situazioni di pericolo in cui riuscirà a visualizzare la morte di Charlie Pace, che proverà in tutti i modi ad impedire, ma che inevitabilmente avverrà per permettere agli altri di continuare il viaggio.

Il tema della vita e della morte così presente in LOST, anche per il titolo della musica principale della soundtrack ("Life and Death") è un tema dionisiaco, così come lo scontro tra apollineo e dionisiaco percorre ogni sfumatura di LOST. Il dio infatti, in alcune fonti, era anche adorato come Signore dell'Oltretomba, a tal punto che veniva identificato con Ade stesso, il dio degli Inferi, tanto che non c'era alcuna distinzione tra le due divinità. A lui era consentito scendere nell'Oltretomba, sparendo attraverso le acque del mare e agli Inferi era sceso per andare a cercare la madre Semele, secondo una simbologia che vede l'individuo costretto a continue discese e risalite dall'inconscio, alla ricerca della sua anima ed allo scopo di illuminare le proprie profondità non sviluppate e crescere.

In LOST, l'immersione nelle acque è una costante ben precisa. Lungo tutte le Stagioni, i personaggi si son trovati spesso nella necessità di attraversare canali, passaggi sotterranei, fiumi, immergendosi e risalendo in superficie, come se questo "bagnarsi nell'acqua" fosse il simbolo delle immersioni che è necessario fare nelle profondità di se stessi, per poterne poi uscire trasformati, purificati e rigenerati. L'immersione in acqua viene così vista come simbolo della possibilità di spogliarsi delle emozioni inferiori che inquinano la coscienza: la rabbia, il desiderio di vendetta, il senso di colpa, la paura, la vergogna, il senso di inadeguatezza e tutti quei sentimenti che sono diventati ri-sentimenti e che miracolosamente guariscono, si lavano via proprio attraverso questo rito, messo in analogia col potere purificante e terapeutico dell'acqua.

Scrive Carla Lomi in "Alle origini della Fata": "Le acque sono l'essenza della vegetazione, l'elisir dell'immortalità, assicurano lunga vita, forza creatrice e sono il principio di ogni guarigione. [...] Ogni acqua è feconda, efficace, medicinale e in virtù di queste sue proprietà, nelle abluzioni, nel rituale del bagno sacro, può dissolvere e disintegrare ogni segno di morte o di colpa, ogni traccia di precedente storia per rendere pronti gli esseri a nuove rivelazioni, a iniziare una nuova vita". [21]

E' per questo che l'acqua è stata sempre vista nella simbologia mitica di ogni popolo come un elemento non solo di purificazione, ma anche di immersione in una dimensione "altra" in cui ci si può incontrare con percezioni e sensazioni diverse, capaci di operare una ricongiunzione con le profondità sommerse della psiche, sconosciute alla coscienza e per questo da illuminare. Non a caso, in alchimia, l'acqua della vita, *l'aqua permanens*, è quella che garantisce l'immortalità, è la Pietra stessa che si fa "Filosofale" e che si manifesta completamente rigenerata e trasformata.

L' ARCHETIPO "ORFEO"

Queste tematiche mitiche che vedono in Dioniso un dio di frontiera, straniero, viandante e in contatto con le forze della Natura sono presenti anche dal mito di Orfeo, sacerdote di Dioniso e figlio di Apollo.

---

[21] C. Lomi, Alle origini della Fata, Edizioni della Meridiana, Firenze 2004, pag. 82

Orfeo è l'eroe dionisiaco per eccellenza, inserito anch'egli in imprese tirate al limite del possibile e in quel territorio di confine dove vengono testate le capacità dell'umano potere, nonché la capacità di porsi dei limiti.

Lo ritroviamo infatti nel "Viaggio degli Argonauti" per la conquista del "Vello d'Oro", ricordato dalla mitologia classica come un'impresa impossibile per le prove insormontabili che presentava, ma ancora una volta come archetipo della lotta interiore e dello Spirito indipendente che spingono l'uomo a rompere con gli schemi del passato che devono essere rivisti ed accolti perché ancora validi ed insostituibili, oppure lasciati andare, perché non più in linea col percorso evolutivo.

Ma Orfeo non è solo straniero in quanto proveniente dalla Tracia come Dioniso, non è solo viandante e guerriero, ma è soprattutto un artista e un musicista; in qualità di cantore e poeta, nei suoi viaggi incantava chiunque si incontrasse con la sua musica sublime, una musica che guariva, che permetteva uno stato conclusivo di catarsi che riconciliava la testa col cuore, ma anche gli impulsi più sfrenati col bisogno di spiritualità. Il padre Apollo infatti, gli aveva donato la lira con cui lui deliziava se stesso e tutta la Natura, che risultava come risanata dal suo benefico canto.

E' quindi una figura dionisiaca perché simbolo della rigenerazione che può derivare dal contatto con la Natura e con l'impulso vitale, ma anche apollinea perché in grado di controllare le forze istintive e selvagge attraverso il potere terapeutico del canto e della musica, della bellezza e dell'armonia. Ma così come Dioniso, anche Orfeo dovrà passare attraverso uno smembramento, secondo una tematica presente in molti miti antichi, da quello di Osiride a quello cristico; infatti, il passaggio più forte e conclusivo del suo mito è strettamente collegato ad una trasgressione, al rifiuto che lui oppose ad un ordine divino, di cui pagò il prezzo con la sua tragica fine.

Perdutamente innamorato della ninfa Euridice, lui sperimenterà quasi contemporaneamente il pieno e il vuoto che fanno parte dell'archetipo dionisiaco quando, dal momento di massima gioia che proverà nell'unirsi alla sposa coronando il suo sogno d'amore, precipiterà nella disperazione più cupa quando, subito dopo le nozze, Euridice morirà per il morso di un serpente e verrà portata all'Ade.

Come non pensare a questo punto a Desmond che proprio nell'attimo in cui si decide a chiedere a Penny di sposarlo, si ritrova nel giro di breve a dover interrompere in maniera brusca e dolorosissima la sua relazione con lei? Proprio nell'attimo in cui le conferma il suo amore e sta per donarle l'anello di fidanzamento, è costretto a ritrarsi per seguire il suo destino?

Ma Desmond non avrebbe davvero potuto agire diversamente: la sua vita era segnata ed in rapida evoluzione. Infatti, nel breve ma intensissimo colloquio avuto con Eloise Hawking durante l'III/8 "Flashes Before Your Eyes" ("Deja vù"), Desmond non potrà sottrarsi ad un destino già scritto e come profetizzerà Mrs. Hawking: "dovrà lasciare Penny e, spezzandole il cuore, partire per arrivare sull'Isola e fare l'unica cosa importante della sua vita, mettendosi al servizio di uno scopo superiore che gli consentirà di salvare il mondo". "Non fai questo perché scegli di farlo, Desmond", lo ammonirà Mrs. Hawking, "lo fai perché è previsto che tu lo faccia".

Il richiamo dell'Isola e quello scopo superiore a cui Desmond è destinato senza rendersene conto, s'intrecciano in maniera sincronica con il desiderio personale di sanare l'orgoglio ferito che brucia ancora dentro il suo cuore. Infatti, è questo il motivo cosciente per cui lui si iscriverà ad una regata intorno al mondo e deciderà di affrontare il mare: rivalutare se stesso agli occhi del padre di Penny, che l'aveva offeso definendolo "codardo"; una figura di padre Cronos, che non voleva riconoscere alla figlia la possibilità di scegliere liberamente e in piena autonomia l'uomo di cui volersi innamorare.

Da quel momento in poi comincerà la nuova vita di Desmond Hume col suo arrivo sull'Isola e con quell'incredibile compito di "push the button", "premere il pulsante", dietro il quale lui sfinirà se stesso fino alla liberazione finale e al suo ricongiungersi a Penny, simbolo dell'incontro psicologico che deve avvenire tra Animus ed Anima, tra maschile e femminile, tra *Logos* ed *Eros*.

Ad Orfeo non fu invece concesso di vivere a fianco di Euridice, ma non per un destino avverso, quanto per l'incapacità da parte di Orfeo di ubbidire ad un ordine divino, nonché per la presunzione di poterlo giudicare e lottare contro di lui.

La disperazione di Orfeo per la perdita di Euridice è la disperazione di Desmond nell'attimo in cui si accorgerà sull'Isola di aver perduto Penny.

Il pianto di Orfeo è talmente struggente e dolce ed inconsolabile che tutta la Natura sembra piangere con lui, a tal punto che si impietosirà lo stesso Ade, il dio degli Inferi, che gli concederà di scendere nell'Oltretomba e ricondurre Euridice alla luce.

Ma Ade lo avvertirà: una volta trovata la sposa, Orfeo dovrà procedere sulla strada del ritorno senza voltarsi, pena la perdita definitiva dell'amata. Ma Orfeo non ubbidirà e si volterà e perderà la prova, perché non riuscirà a fidarsi dell'insindacabile operato divino.

Quasi prossimo all'uscita, mentre dimentica in un attimo le parole di Ade e si affretta quasi correndo per guadagnare terreno, non sentendo più i passi dell'amata che sapeva dietro di lui, Orfeo si volta, perché vuole accertarsi che lei lo stia seguendo, che sia ancora lì, che non sia svanita.

Il voltarsi di Orfeo ed il contemporaneo dissolversi della figura di Euridice rimarrà per sempre nell'immaginario collettivo come l'archetipo dell'impossibilità di raggiungere un obiettivo che si pensava certo, perché non ci si è aperti anche alla fede nell'imponderabile, che impregna ogni respiro dell'esperienza umana.

Questo accade spesso quando il principio di *Logos* non mediato dall'*Eros* finisce per distorcersi, ci si ostina a voler spiegare anche l'inspiegabile, a tal punto che Orfeo scruta, diffida, sospetta e rifiuta tutto ciò che non è inquadrabile in un'ottica razionale, alla ricerca ossessiva di motivazioni e nessi causali che abbiano un senso.

E' quindi la sfiducia di Orfeo che condanna Euridice all'Ade, perché si fida solo di se stesso e di quello che rimandano i sensi: la vista, l'udito, il gusto, l'olfatto, il tatto. Solo quello che organizza la mente razionale può essere degno di fiducia, perché al di sopra di tutto c'è la presunzione o l'illusione di potersi fidare di ciò che si può controllare con la volontà, col sapere o con la forza del pensiero.

Per gli orientali, è importante il concetto per cui "l'uomo non è la sua mente", ma si serve della mente per raggiungere i suoi obiettivi ed i suoi obiettivi saranno di volta in volta allineati a quello che vorrà esprimere in quel preciso momento dell'esperienza che la vita gli sta sottoponendo. E' così che l'individuo saprà riconoscere il tempo in cui ragionare e quello in cui partecipare emotivamente, esprimendo i suoi sentimenti; il tempo in cui attingere alla sua capacità intellettiva e quello in cui l'istinto e l'intuizione saranno gli unici a fornirgli la soluzione migliore; il tempo in cui ci sarà bisogno di pensare e il tempo in cui sarà importante "sentire", "to fill", così come ci è stato mostrato nel VI/11 "Happily Ever After" ("E vissero felici e contenti"), con un Desmond che non si accontenterà più di pre-vedere e visualizzare ciò che è importante per sé e per la sua felicità, ma vorrà farne partecipi anche i suoi compagni.

Orfeo, l'unico ad essere sceso all'Ade per amore, lui che era riuscito ad insegnare attraverso la musica la necessità di onorare la Natura, lui che aveva insegnato "la competenza dei sentimenti" da affiancare a quella della ragione per non sminuire le umane potenzialità, non saprà rinunciare all'illusione di potenza ed il prezzo che lui pagherà sarà altissimo: perderà Euridice e morirà smembrato dalle Menadi che, offese dalla sua fedeltà al ricordo della sposa, lo faranno a pezzi e lo getteranno nel fiume Ebro. Ma la sua testa che cadrà sulla lira continuerà a cantare Euridice galleggiando fino all'isola di Lesbo, dove verrà raccolta dalla pietà delle Muse e sepolta nel santuario di Dioniso, mentre Apollo decreterà l'immortalità della lira ponendola tra le Costellazioni.

"Non lo puoi cambiare" esclamerà Desmond al colmo della disperazione dopo essere tornato sull'Isola, "Non importa quello che proverai a fare, per quanti sforzi tu faccia semplicemente non lo puoi cambiare", inserendo la riflessione che nel destino dell'uomo debba essere contemplata la necessità di accettare anche l'inspiegabile, l'irrazionale o ciò che non si può cambiare, al di là degli sforzi fatti e dell'onestà delle proprie intenzioni.

L'ARCHETIPO "HERMES"

L'ultimo archetipo che si potrebbe rintracciare in Desmond Hume è quello del dio Hermes, il Mercurio dei Romani, considerato nel mito greco "Il messaggero degli dei", il "Viandante divino".

Figlio di Giove e della ninfa Maia, la più bella delle Pleiadi, Hermes era il Signore dei grandi confini e presiedeva ai viaggi in terra, proteggendo per questo gli scambi, la comunicazione e tutti gli spostamenti. Tra gli dei dell'Olimpo era l'unico che poteva andare e venire a piacimento sui tre mondi dell'esperienza: scambiava così con il cielo, perché gli era consentito l'ingresso nell'Olimpo dove si adoperava per riconciliare gli dei quando litigavano tra loro; scambiava con la terra, dove portava agli uomini gli ordini che dovevano eseguire per non far adirare gli dei, oppure riportava agli dei i desideri degli uomini e scambiava con gli Inferi perché era l'unico tra tutti gli dei a cui era consentito di scendere all'Ade per accompagnare le anime dei morti nell'Oltretomba ed incontrarsi col giudizio divino.

E' Hermes infatti che, con l'appellativo di "Psicopompo", "accompagnatore di anime", già attribuito al dio egizio Anubis "la guida dei cammini d'Oltretomba" più volte incontrato nei geroglifici egizi di cui è ricca LOST, scende agli Inferi per aiutare Persefone rapita da Ade e la riporta alla madre che non si dà pace per la sua perdita improvvisa ed è lui che conduce Ulisse attraverso gli Inferi in cerca dell'amico morto, per poi farlo tornare ai suoi compagni che lo attendono in superficie.

A livello simbolico la sua figura è bellissima perché se da una parte è in analogia con l'emisfero sinistro del cervello che presiede alla capacità razionale, lucida e valutativa della mente che sa rimanere fredda anche nei momenti di estrema agitazione emotiva perché resta centrata e presente a se stessa, ma anche perché sa attingere a quella leggerezza e capacità di sdrammatizzare nelle situazioni più pesanti della vita, dall'altra parte esprime la capacità della mente di entrare in contatto con altre dimensioni più profonde che non dipendono dalla funzione razionale o multisensoriale, ma sono strettamente collegate all'emisfero destro, quello analogico e simbolico: la funzione immaginativa, quella intuitiva, quella percettiva, ma anche quella più misconosciuta e sottovalutata e cioè l'introspettiva che permette all'individuo di scendere dentro di sé ed analizzarsi, accettare l'incontro con se stesso, con la sua Verità e solo a quel punto risolvere le molte tensioni interiori che derivano proprio dalla negazione all'apertura di questa parte del Sé. Come interprete degli ordini divini poi, Hermes era anche il dio della parola e dell'eloquenza, ma anche dei sogni con i quali faceva addormentare i mortali, quand'erano tormentati da affanni e preoccupazioni, toccandoli con il Caduceo, la sua verga divina. E la leggenda del Caduceo riporta ancora una volta all'integrazione degli opposti junghiana che è alla base e tematica di spicco del mio studio su LOST. Se infatti Asclepio, il dio della medicina, aveva il Caduceo come suo attributo, ma con un solo serpente attorcigliato su di esso, come simbolo di cura e guarigione, in quello di Hermes i serpenti erano due, riproponendo il duale "mente/anima", "corpo/spirito".

L'accostamento di Desmond a Hermes potrebbero farci concludere che il suo personaggio abbia avuto in LOST un ruolo di "ponte" tra due dimensioni che andavano riunite, la terra e il cielo, il materiale e lo spirituale: così come il dio Hermes agiva da interlocutore tra i vari piani dell'esperienza, allo stesso modo Desmond Hume è stato lo strumento che lanciato dall'Isola alla Terraferma, ma anche tramite tra passato, presente e futuro, ha permesso ai suoi compagni di visualizzare e finalmente comprendere lo scopo finale del loro viaggio, che doveva essere già chiaro e fin dall'inizio nella mente e nel cuore degli Autori di LOST.

"Mai dire mai, coso"

Il personaggio di Hugo Reyes, Hurley per gli amici dell'Isola, interpretato dall'attore Jeorge Garcia, ci presenta un archetipo che si discosta da quelli esaminati fino a questo momento, perchè è l'opposto di ciò che ci si potrebbe aspettare dallo stereotipo più consolidato dell'eroe, dell'uomo sicuro di sé, vincente e di successo.

Abbandonato dal padre quando era bambino e forse per questo spinto a mangiare senza darsi freni, per tollerare il vuoto di questo abbandono, Hugo condurrà un'esistenza tranquilla finché non vincerà improvvisamente una vera fortuna in dollari, giocando alla Lotteria nazionale. Ma l'evento fortunato si trasformerà per Hugo in un vero e proprio incubo per la serie interminabile di sciagure che gli faranno seguito e che coinvolgeranno lui e la sua famiglia, a tal punto da indurlo a pensare di essere la causa prima di questa sfortuna.

Gradualmente, grazie alla fiducia in se stesso che recupererà sull'Isola attraverso l'affetto dei suoi nuovi compagni, Hugo si libererà di queste sue impressioni negative fino a trasformarsi, soprattutto nell'ultima Stagione, in un personaggio ricco di saggezza, tanto che sostituirà Jack e prenderà il comando del gruppo, nella guida verso la salvezza.

L'ARCHETIPO DELL' "ANTI-EROE"

Fin dalle prime sequenze che contraddistinguono il suo personaggio e a dispetto delle credenze convenzionali più consolidate, vedremo Hugo fare di tutto per liberarsi dei 156 milioni di dollari vinti alla Lotteria, fino al punto da indurlo a volare in Australia per rintracciare la persona a cui quei numeri erano collegati, senza peraltro poter scoprire nulla, né tanto meno venire a capo dell'intricato mistero.

L'imbarco di Hugo all'aeroporto per tornare a Los Angeles è sconcertante e paradossale: infatti, mentre corre il rischio di arrivare in ritardo e perdere l'aereo per tutta una serie di contrattempi che mettono in forse il suo ritorno a casa, sarà accettato solo per un fortuito caso a bordo dell' "815", se ne rallegrerà e penserà di essere stato davvero fortunato, quando di lì a poco l'aereo perderà quota e precipiterà, catapultandolo in una nuova dimensione di vita, non meno scioccante della vincita fatta.

Ma con Hugo viene infranto anche l'altro luogo comune che vede chi non sia dotato di prestanza e forza fisiche come impossibilitato a cimentarsi in esperienze difficili o dove siano necessari non solo il coraggio, ma anche una certa agilità a muoversi tra mille pericoli ed insidie: a dispetto di questo stereotipo così diffuso, sarà proprio Hugo Reyes colui che, mettendosi sempre a disposizione degli altri nonostante il suo spropositato peso, si dimostrerà più volte risolutivo nel momento del pericolo, dimostrando di avere se non la forza fisica, quanto meno l'astuzia e soprattutto la capacità di credere in se stesso per poter affrontare e superare una prova, ancor meglio di quanto avrebbero fatto i suoi compagni più dotati, ma sprovvisti di fiducia interiore.

Infatti, forse la qualità più bella di Hugo è proprio la capacità di affidarsi alla vita che l'Isola propone di volta in volta, senza coltivare preconcetti o schemi mentali inflessibili nell'affrontare le varie situazioni.

Se pur dotato di un forte senso della realtà e della capacità di vedere i pro e i contro di una situazione, nonostante i suoi trascorsi in un ospedale psichiatrico ed il suo timore di "essere giudicato pazzo", Hugo dimostrerà sempre una dose di buon senso che smonterà spesso le soluzioni più cervellotiche o troppo ardite di alcuni compagni, perché affronterà l'esperienza con semplicità e spontaneità, rivelandosi capace di escogitare soluzioni che, se pur lontanissime dal razionale modo di affrontare la vita che dimostra la maggior parte dei *Losties*, si riveleranno vincenti e soprattutto risolutive.

Lo stesso "parlare con i morti" che fa di lui un personaggio molto particolare si rivelerà via via un vero e proprio "dono"; il contatto con la dimensione ultraterrena infatti, permetterà ad Hugo di venire a capo di situazioni apparentemente irrisolvibili, oppure di ricevere suggerimenti illuminati che daranno alla storia una piega diversa e soprattutto positiva.

In fondo, anche in lui si potrebbe cogliere l'aspetto dell'archetipo mercuriale di collegamento tra i vari piani dell'esperienza: Hugo è giocoso, con le sue esclamazioni disarmanti che stemperano i momenti più difficili, ma è anche lineare ed arguto nell'attimo in cui trova soluzioni semplici a situazioni intricate e complesse. Infatti, la sua qualità più bella è certamente il suo buon cuore, perché ama profondamente i suoi compagni, anteponendo l'affetto per il gruppo a certi suoi bisogni personali, primo fra tutti il suo amore incondizionato e viscerale per il cibo.

Un'altra particolarità che lo farà distinguere tra tutti i sopravvissuti è che, nonostante il forte sentimento di fratellanza che prova per i nuovi amici, lui chiami tutti gli uomini del gruppo non per nome, ma "Dude", "Coso", quasi a voler significare che sull'Isola non c'è più l'identità che si era costretti a mostrare e a difendere nella vita di prima, non ci sono nomi o ruoli o identificazioni certe, non c'è una reputazione da salvaguardare, o uno schema comportamentale da portare avanti.

Infatti, il bisogno di sopravvivere a condizioni così difficili porterà spesso i *Losties* ad assumere comportamenti incoerenti e a sconfessare ciò che era stato affermato fino ad un attimo prima, se questo avrebbe potuto garantire salvezza ed incolumità. Nella dinamica delle storie *lostiane* niente è prefissato, niente è precostituito, ma in continua rotazione, a secondo di quello che la vita sull'Isola presenta di volta in volta e con continui cambi di prospettiva.

Questo discorso della prospettiva e quindi dell'analisi dei vari momenti temporali a cui ci ha abituato LOST, può essere collegato all' "occhio" di Jack che si apre all'inizio dell'episodio "Pilota" e che riguarderà anche altri personaggi in molti episodi fino alla fine.

Lo stesso significato potrebbe avere la prima *soundtrack* di Michael Giacchino, "The eyeland" ("La Terra dell'occhio"), forse a suggerire che è il punto di vista, l'interpretazione di un medesimo evento da parte di questo o quel personaggio, che potrebbe far acquistare un diverso significato all'evento stesso, contraddicendo quanto era stato presentato in altri momenti e, soprattutto, da un'altra prospettiva.

In fondo, passato, presente e futuro s'inseguono e s'intrecciano in LOST muovendo le scelte dei personaggi, che non dimenticano ciò che erano stati, ma che sono anche disposti a vedersi diversi e ad accettarsi totalmente per ciò che l'Isola aveva chiesto loro di diventare.

Il detto "Never say never" ("Mai dire mai"), che è proprio di Hugo, diventa a questo punto un messaggio di speranza, un invito a rivoluzionare di tanto in tanto il modo personale di guardare alle cose, senza preclusioni o pregiudizi mentali, per aprirsi ad un modo più flessibile e quindi più completo d'interpretare la vita, prendendo il meglio che l'esperienza possa offrire, anche la più difficile e complicata.

L'ARCHETIPO DEL "FIGLIO DELLA MAMMA"

Hugo Reyes ha avuto un'infanzia d'abbandono. Nonostante la continua presenza della madre che però non riuscirà a colmare l'assenza paterna, Hugo crescerà con un senso di vuoto, di mancanza di sicurezza interiore, che cercherà di colmare soprattutto attraverso il cibo.

Si può pensare che Hugo sia cresciuto con un "troppo pieno" di materno e quindi di attenzioni, di premure che però ci vengono illustrate come sempre più invasive e contrarie alle scelte che lui vorrebbe fare autonomamente ed un "troppo vuoto" di paterno, per quell'abbandono subìto quando era ancora piccolo e soprattutto bisognoso di una guida maschile.

C'è da dire comunque che il padre di Hugo, nonostante la sua fuga e l'abbandono del figlio per seguire i suoi sogni personali, sembra non appartenere a quella fascia di padri Cronos in cui si possono collocare quasi tutte le figure paterne, incontrate nel tessuto narrativo di LOST.

Infatti, sebbene le molte inadeguatezze ed il senso di vuoto con cui Hugo si era dovuto confrontare fin quando il padre era tornato a casa, nella sua fiducia di fondo e nella capacità di sdrammatizzare le situazioni più difficili che si presentano sull'Isola, nel suo buon senso e nell'umanità che dimostra verso i compagni, si riesce a cogliere l'eredità positiva lasciatagli dal padre, che gli aveva comunque ceduto la possibilità di credere in se stesso, di conservare la speranza anche in quei momenti in cui l'interpretazione logica delle circostanze che stava vivendo vedeva persa la prova.

Uno dei momenti più toccanti della sua storia infatti, descritto nel III/10 "Tricia Tanaka is Dead" ("Tricia Tanaka è morta"), vede Hugo alle prese con un furgoncino della *Dharma Initiative*, malridotto e completamente fuori uso. Sarà proprio l'entusiasmo innato di Hugo ed il suo pensiero positivo a fargli credere di poterlo rimettere in moto, nonostante lo scetticismo degli altri compagni e le condizioni assolutamente compromesse del vecchio furgoncino. Sarà a quel punto che Hugo si ricorderà delle parole che il padre gli aveva detto quand'era piccolo e sempre alle prese con un veicolo da riparare: "Sperare in qualcosa non è mai stupido. Se credi che delle cose belle accadano, vedrai che accadranno. In questo mondo puoi essere l'artefice della tua fortuna".

Il tema degli opposti fortuna/sfortuna ricorre spesso in LOST, proprio a cominciare dalla vincita iperbolica di Hugo alla lotteria, con quei numeri che lui giudica sfortunati.

E in fondo la fortuna assiste fin dall'inizio tutti i *Losties*, non solo perché sopravvissuti ad un disastro aereo, ma perché in tutte e sei le Stagioni, chi più chi meno, riuscirà a salvarsi dalle situazioni più critiche e obiettivamente compromesse nonostante le catture, le esplosioni, le cadute da precipizi, le gravissime ferite, le infezioni, insomma tutta una serie di accadimenti da cui i sopravvissuti si tireranno sempre fuori in un modo tale che, se non vogliamo definire miracoloso, è sicuramente fortunato.

La fortuna in LOST potrebbe essere intesa come la *Thuke* greca che diventa la dea "Fortuna" presso i Romani. Questa figlia del mare, sorella delle Oceanine ed amata da Servio Tullio che, tra tutti i Re di Roma, fu particolarmente fortunato, era un simbolo benefico di protezione e d'abbondanza, diversa dalla dea *Sors*, che personificava la possibilità di un destino che poteva essere sia positivo che negativo.

E la fortuna in LOST, ricordata forse anche dalla spilla "a quadrifoglio" che indossa Mrs. Hawking nel V/6 "316", sembra seguire con cura ed attenzione le gesta dei *Losties*, come una madre pietosa che li mette in guardia dai pericoli più incredibili e dai quali loro non avrebbero potuto salvarsi, facendo affidamento solo sulle forze personali.

Ma sarà soprattutto Hugo Reyes che dimostrerà nell'ultima Stagione di LOST come il termine "sfortunato" o "fortunato" sia spesso messo in relazione a ciò che l'uomo percepisce come tale, o che il collettivo tende ad interpretare come luogo comune. Infatti, dopo la vincita alla lotteria, Hugo si ritroverà spesso a pensare che "quei numeri" gl'abbiano portato sfortuna e che lui sia l'unico responsabile dei drammatici eventi che si abbatteranno su coloro che ama, ma forse solo perché - dopo l'abbandono paterno - era stato quasi automatico per lui coltivare un pensiero negativo ed accusare se stesso non solo della fuga del padre, ma anche di tutte quelle circostanze ed eventi sfortunati.

Gradualmente e grazie alla buona volontà e al perdono che inizierà a provare verso suo padre, Hugo riuscirà anche a recuperare il rapporto con la madre che, col ritorno del marito, si tranquillizzerà e riuscirà a garantire al figlio quel sostegno che negli anni precedenti si era dimostrato troppo invasivo.

Toccante il dialogo che intercorre tra madre e figlio nel V/2 "The Lie" ("La grande menzogna"). Ad un Hugo confuso ed incapace di spiegare le motivazioni profonde di un destino assurdo che gli sta sfuggendo di mano, la madre risponderà "Io ti credo Hugo, non riesco a capirti, ma ti credo".

Grazie all'amore dei genitori, all'amicizia e al sostegno dei suoi nuovi amici, ma soprattutto grazie all'affetto tenero e sincero che gli dimostrerà Elizabeth Smith, detta Libby, interpretata dall'attrice Cynthia Watros, destinata a morire sull'Isola per essere ritrovata in un'altra dimensione, Hugo riscoprirà la stima di sé e tutto il pensiero positivo che faceva parte della sua essenza più vera e che andava soltanto risvegliato e recuperato proprio sull'Isola.

Nel VI/12, "Everybody loves Hugo" ("Tutti amano Hugo"), lo vedremo così diventare una figura di spicco del mondo della ristorazione, un ricco imprenditore amato e rispettato, perché metterà a disposizione di opere benefiche la fortuna economica che ha raggiunto, grazie a quella bontà e generosità che aveva conservato come una costante nel suo cuore.

Ciò lo porterà a riconoscere di essere in possesso di altre "fortune", fino al punto che nel primo episodio della VIª Stagione, "Los Angeles L.A.X", durante un colloquio con Sawyer, definirà se stesso "baciato dalla fortuna".

Questa nuova crescita del senso di sé gli farà affrontare anche il grave compito di sostituire Jack nel condurre i compagni al traguardo finale. Nonostante l'incertezza che l'abbiamo visto nutrire verso i suoi potenziali lungo le varie Stagioni, sarà proprio nella VIª che Hugo ci apparirà più forte, più determinato, quasi stupito egli stesso di tanta capacità, che verrà proprio per questo accolta con naturalezza anche dagl'altri compagni, da Jack per primo, che lo esorterà a far loro da guida per ultimare il viaggio.

"Make your own kind of music" ("Crea la tua musica personale"), cantano i Mama's Cass Elliot nella canzone che Desmond Hume ascolta nel bunker all'inizio della II^a Stagione e che potrebbe ben simboleggiare quest'invito a diventare artefici del proprio destino, uscendo dalla convinzione che questo sia segnato dalla fortuna o dalla sfortuna e che non sia invece nelle mani stesse dell'individuo, del suo coraggio e della sua volontà di crescere.

JULIET BURKE

"Ha funzionato!"

Uno dei personaggi più importanti di LOST e che non incontriamo sull'Oceanic "815" al momento del disastro aereo, è Juliet Carlson, coniugata Burke, interpretata dall'attrice Elizabeth Mitchell.

Juliet è una dottoressa che si occupa di neonatologia.

La sua specializzazione e gli studi che sta conducendo nel Laboratorio di Ricerca Medica della *Miami Central University* le permettono di portare avanti un'indagine parallela a favore della sorella Rachel, desiderosa di avere un figlio, ma impossibilitata a coronare il suo sogno perché in terapia chemioterapica.

Durante questo periodo di ricerca, Juliet sarà avvicinata dal Dottor Richard Alpert della *Mittelos Bioscience*, interpretato dall'attore Nestor Carbonell, che la convincerà a trasferirsi sull'Isola e a mettersi a capo di un *team* di esperti in neonatologia, che scopriremo in un secondo momento essere collegati al gruppo che i *Losties* definiscono "Gli Altri", che vivono sull'Isola e che hanno come principale obiettivo quello di risolvere l'incapacità da parte delle donne dell'Isola di portare avanti le loro gravidanze, che s'interrompono bruscamente e per motivi diversi attorno al sesto mese, con la morte della madre.

Grazie all'esperienza che vivrà sull'Isola, Juliet riuscirà a definire meglio la sua identità, correggendo alcune sue ingenuità di fondo e soprattutto riuscendo a fornire ai suoi compagni la via per raggiungere la salvezza.

L' ARCHETIPO DELLA "DEA VULNERATA"

Così come il modello della dea Artemide vive nel personaggio di Kate Austen, per Juliet Burke si potrebbero proporre altri due modelli divini della mitologia greca, la dea Persefone e la dea Athena, Proserpina e Minerva presso i Romani.

Secondo la filosofia junghiana, una guida che possa promuovere e favorire l'individuazione femminile la forniscono i modelli archetipici rappresentati dalle sette dee della mitologia greca, che diventano lo specchio di bisogni specifici della psicologia della donna non solo per indagare sui suoi potenziali e conoscersi nella sua interezza, ma soprattutto per differenziarsi da modelli collettivi, nei quali sarà portata ad identificarsi come primo atto indispensabile alla sua individuazione, per poi differenziarsene a seconda della sua natura e del bisogno di completezza a cui tende la sua psiche.

Secondo quest'intuizione, la donna si riterrà individuata soltanto dopo l'incontro con quanto simboleggiato dagli archetipi collegati a queste dee, proprio attraverso il riconoscimento che lei saprà fare "della dea giusta a cui rivolgersi" per esprimere al meglio se stessa in quel momento specifico dell'esperienza che la vita le propone e che difficilmente potrà risolvere col solo uso del sapere, della forza mentale o della volontà.

Una perfetta analisi delle caratteristiche psicologiche che si possono trovare nelle sette dee della mitologia greca è stata fatta dall'analista junghiana e studiosa di miti J. S. Bolen nel suo "Le dee dentro la donna". [22]

---

[22] J. S. Bolen, Le dee dentro la donna, Astrolabio Ubaldini, Roma 1991, pgg. 45-53, pagg. 132-137

La studiosa le divide infatti in due categorie: quella delle così dette Dee Vulnerate: Hera, la moglie; Demetra, la madre e Kore, la fanciulla/figlia e quella delle così dette Dee Vergini: Athena, dea della guerra e della saggezza, Artemide, dea della caccia e della luna ed Estia, la dea dei templi e del fuoco.

Tenendo presente che i modelli interiori sono inconsci e collegati a specifici bisogni della psiche che non conoscono tempo, ma si attivano in base all'intenzione inconscia dell'individuo di scoprire parti nuove di sé, al di là dei canoni e convenzioni imposte dalla mentalità collettiva, ogni donna potrà privilegiare l'espressione di un archetipo rispetto ad un altro indipendentemente dall'età, ma solo perché naturalmente in linea con ciò che sente di voler realizzare in quel momento della sua esistenza.

Le età in cui si attivano gli archetipi infatti sono sempre meno fisse, ma piuttosto legate al cammino evolutivo storico della donna, alle conquiste del mondo femminile, senza preclusioni di sorta e soprattutto senza i veti imposti dalle convenzioni.

Approfondendo la distinzione tra "Vulnerate" e "Vergini" in cui sono distinte le dee greche, si può sottolineare che nella psicologia mitica junghiana il termine "vergine" non era certamente collegato alla sessualità, ma ad uno stato psicologico di maggiore o minore integrità interiore, tale che corpo, mente ed anima della donna potessero mantenersi liberi o meno da qualsiasi dipendenza psicologica ed emotiva, in modo da garantire alla donna la capacità di affrontare la scelta innanzitutto nel rispetto di se stessa, dei suoi veri valori e dell'interezza della sua personalità.

La Dea Vergine infatti, guida le scelte della donna che mette al primo posto la sua volontà e che non è disposta ad assecondare le decisioni di chicchessia se non le condivide, se vanno contro le sue valutazioni e i suoi principi, che sono fortissimi. E' per questo che è spesso presente in quest'archetipo la tendenza a rifiutare ogni legame sentimentale ed affettivo, che si riveli a lungo andare limitante per la sua libertà, o che comunque venga interpretato dalla donna come una minaccia all'espressione della sua volontà.

Le dee "Vulnerate" invece erano tutte e tre dipendenti da specifici bisogni o meglio da ruoli: Hera, la Giunone dei Romani, era dipendente dal suo bisogno di "essere la moglie" di Zeus, ma anche dal ruolo che la designava "Regina di tutti gli dei"; Demetra, la Cerere dei Romani, era dipendente dal suo bisogno di "essere madre" e di dedicarsi esclusivamente alla figlia Kore e agli impegni che il ruolo materno le procurava e Kore/Persefone, la Proserpina dei Romani, era dipendente dal suo "essere figlia" e quindi in un ruolo che le permetteva di continuare a condurre una vita spensierata e serena, perché era la madre ad occuparsi di ogni cosa e a scegliere per lei.

Il mito riserva a tutte e tre le dee Vulnerate un destino di sofferenza, di violenza e di perdita: Hera perché ripetutamente tradita dal marito Zeus sempre in cerca di nuove avventure erotiche; Demetra e Persefone perché separate l'una dall'altra in una maniera tanto drammatica quanto improvvisa, che avrebbe cambiato per sempre il loro destino.

Il mito di Demetra e Kore è uno dei miti più belli che incontriamo nello studio delle leggende antiche, un mito collegato alla ciclicità del tempo e all'alternarsi delle Stagioni e quindi nello specifico del mondo femminile con il passaggio da una condizione psicologica d'inconsapevolezza, illusione e spensieratezza proprie dell'età infantile ed adolescenziale, ad una condizione di presa di coscienza del proprio Sé e soprattutto del potenziale stesso dell' "essere donna".

Questo il mito nella sua versione più diffusa.

Demetra e Kore, dea delle messi e dei campi la prima e dei fiori la seconda, erano madre e figlia, non si separavano mai e vivevano come fuse. L'una non poteva fare a meno dell'altra e niente aveva significato se non era fatto insieme.

Ad un certo punto della loro storia tranquilla e felice, avviene un avvenimento traumatico: Ade, dio del mondo sotterraneo, invaghitosi di Kore, risale in superficie e la rapisce, portandola agli Inferi.

Da quel momento in poi, Demetra cade in un tale stato di disperazione e depressione che rifiuta di occuparsi di nient'altro se non del suo dolore e soprattutto di ritrovare la figlia. Non si cura più delle messi, non si cura più dei campi e di renderli fecondi e tutta la Natura inaridisce ed avvizzisce insieme a lei, partecipando così al suo dolore. Kore, da parte sua, piange tutto il giorno e si dispera perché ha paura di stare in quel luogo di ombre e di morte ed implora Ade di lasciarla tornare dalla madre, ma Ade è irremovibile. A quel punto Zeus, supplicato dagli uomini che vedono i loro campi trasformati in deserti, si preoccupa di inviare Hermes ad intercedere perché Ade consenta a Kore di rivedere la madre. Ade cede, ma prima di lasciare andare la fanciulla la induce a mangiare dei chicchi di melograno, "il fiore del ricordo come eterno ritorno", che non le avrebbe permesso di restare per sempre in superficie, ma di ricordare il marito fino a rimpiangerlo talmente tanto da desiderare di stare sì con la madre, ma anche un pò con lui, nel mondo degli Inferi. Lei non sarà più la "Kore", la fanciulla spensierata ed ingenua di un tempo, ma diventerà Persefone, la regina degli Inferi, della morte e del mondo sotterraneo.

Da qui, il mito delle stagioni e dei mesi che si succedono nell'anno: quando è primavera ed estate, Demetra si occupa della Natura e tutto è rigoglioso e fertile e quando è autunno ed inverno, la Natura si ferma e muore un pò, ma solo per un po', in attesa di rinascere a nuova vita.

Si potrebbe dire che questo mito si adatti molto bene alla storia di Juliet Burke che, dalla "Kore" che era quando viveva a Miami e quindi una donna solare, ricca di talenti naturali e che aveva come unici desideri lo stare vicino alla sorella e portare avanti fiduciosa i suoi progetti di lavoro, si trasformerà nell'infelice Persefone quando verrà rapita da Benjamin Linus, il capo degli "Altri", al quale sarà dedicato il prossimo profilo.

Linus, che all'inizio la farà arrivare sull'Isola per avvalersi delle sue competenze nel campo della neonatologia, finirà con l'invaghirsi di lei e riuscirà a trattenerla sull'Isola contro il suo volere.

Se da una parte quindi, Juliet ci viene mostrata ingenua ed insicura nella sua storia antecedente all'Isola, soprattutto quando nei flashback che la riguardano la vediamo in difficoltà e totalmente succube nel rapporto con il suo ex marito che la sfrutta mentre le incute timore, nelle Stagioni successive lei cambierà gradualmente questo suo modo di fare, facendosi sempre più sicura e convinta delle sue scelte. Dalla giovane donna ingenua e positiva che non ha però ancora alcuna consapevolezza del suo valore personale e delle sue potenzialità, Juliet imparerà ad essere sempre più realista e valutativa, al punto di sembrare a tratti glaciale ed insensibile, più per escogitare una difesa alla grande sofferenza che prova nello stare lontana dalla sorella, che per un inclinazione di fondo della sua natura.

Ma la sua trasformazione avverrà proprio attraverso la sofferenza che lei sperimenterà sull'Isola, sia per la sensazione di perdita e di distacco dalla sorella, sia per il senso di fallimento di non essere in grado di risolvere il problema delle gravidanze, perché le donne dell'Isola continueranno a morire.

Il "ratto e lo stupro" a cui è stata sottoposta la giovane Kore nel mito trovano qui un'analogia fortissima nel rapimento e "stupro" psicologico della coscienza di Juliet che subirà gradualmente un ampliamento in consapevolezza e verità. Attraverso le esperienze che l'Isola le sottoporrà sarà obbligata infatti a modificare alcuni suoi modi di fare, imparerà a ribellarsi a Linus e prendendo posizione contro di lui, arriverà al punto di abbandonarlo, con un atto di volontà e di coraggio.

Questo per significare che il passaggio da Kore a Persefone e cioè dalla spensieratezza alla consapevolezza di sé, se pur dolorosissimo, può far entrare la donna a contatto con una forza energetica da trasformare, una parte sconosciuta della propria natura che la donna non riconosce di sé, ma che le appartiene tanto quanto quella in cui si è identificata. E' solo a quel punto che potrà servirsi dell'energia libidica che si è sbloccata e resa disponibile dopo aver attraversato il territorio "Persefone".

E il territorio "Persefone" può essere la perdita di un amore o di un progetto a cui si è dedicata una vita intera, può essere la fine di un'amicizia che si considerava inossidabile, può essere la perdita di un lavoro o di un affetto che riempiva ogni spazio ed ogni angolo della psiche della donna, ma che le impediva anche di aprirsi ad altre dimensioni, imprigionandola in una falsa identità: lei non è solo la fanciulla accondiscendente e senza carattere così come la vogliono gli altri, lei può essere molto di più. Solo dopo questo passaggio archetipico, la "fanciulla" Kore che abbia onorato dentro di sé "la rapita" Persefone, può permettersi di sperimentare e godere appieno dell'esperienza di vita, può "tornare la Kore che era", affrontando gli eventi con la freschezza e la spontaneità di una bambina, ma può anche rispondere con forza interiore e distacco a quei momenti in cui la vita la mette alla prova, perché ha imparato a riconoscere, rispettare e fare propri i cicli della vita.

C'è spesso "un prima e un dopo" nella vita della donna che ricerca l'incontro con Persefone, un cambio di pelle, una crisi.

Il nome latino di Persefone, Proserpina, contiene in sé questa trasformazione: "pro-serpe", a favore del serpente, la Kundalini della filosofia indiana, la saggezza arrotolata che deve essere sbrogliata alla radice per portare l'illuminazione.

Il serpente infatti, è un simbolo costante di cura e guarigione nella storia mitica delle antiche religioni d'ogni tempo e luogo. Lo ritroviamo nella tradizione giudaico-cristiana mentre si avvolge attorno all'albero della conoscenza del bene e del male; lo ritroviamo sulla verga di Asclepio, dio della guarigione, lo ritroviamo come bastone del comando nella storia di Mosè, così come due serpenti s'intrecciavano sul caduceo di Hermes, il Mercurio alchemico che promuoveva la ricomposizione degli opposti e la trasformazione dei metalli vili in oro. E' quindi un simbolo strettamente collegato alla saggezza che fa seguito all'illuminazione proprio di quelle parti oscure che vagano buie nell'inconscio in cerca di luce e che se portate alla coscienza, non avvelenano più la psiche, ma anzi la curano, se ne prendono cura. Il serpente simboleggia le pulsioni primarie istintive non ancora integrate, contiene quindi in sé l'insieme della cura e del veleno, della vita e della morte, o quanto gli attribuiva Jung "la coscienza inconscia, la saggezza della Natura". Non a caso, il termine inglese "poison" veleno, rimanda anche al termine "pozione", secondo un concetto assunto dalla medicina omeopatica per cui dal giusto equilibrio e dosaggio degli elementi inseriti in una medicina, non esclusi quelli velenosi, dipenderà la possibilità di cura e guarigione. Si ritorna quindi ad un concetto di temperanza di diverse energie complementari che devono trovare un giusto equilibrio, un giusto mezzo tra loro per dare il massimo del loro potenziale.

La "dimensione Persefone" avvia quindi una svolta, un cambiamento e il cambiamento non può essere interpretato solo come negativo o apportatore di distruzione; infatti, è proprio l'attraversare il momento di crisi che può permettere alla donna che inconsciamente abbia attivato Persefone, di penetrare l'esperienza che sta vivendo; nel segnare una demarcazione netta tra quello che era e quello che è diventata, nella visione di ciò che è importante per la sua felicità e ciò che invece la trattiene in un limbo di sofferenza, lei può acquistare una maggiore maturità, dando vita ad uno stadio nuovo e non più bambino dell'essere, uno stadio perfettamente consapevole sia dei limiti da dare al potere personale, sia di quelli da dare al potere degli altri, nonché dei potenziali che non avrebbe mai scoperto di sè se non attraversando questa tappa evolutiva: è la Kore che diventa Regina.

Questo graduale e bellissimo percorso evolutivo potrebbe trovare una sintesi proprio nel personaggio di Juliet Burke, così come ce l'hanno proposto gli Autori. Lei ci appare da subito "speciale" rispetto agli altri personaggi, così come Desmond Hume: sembra conoscere molte più cose di quello che mostra di sapere a prima vista e soprattutto rivela una profondità psicologica ed una saggezza interiore *in progress*, che la pone a buon diritto tra i personaggi più intensi ed indimenticabili che LOST ci abbia dato.

E il simbolo di questo suo essere diversa potrebbe leggersi nel fatto che lei venga "marchiata a fuoco" da parte degli "Altri" come una persona di cui non ci si può completamente fidare, di cui non si può essere completamente certi, né nel bene né nel male, perché ha infranto le regole imposte e riconosciute dall'intera comunità. Il marchio a fuoco, che riprende il concetto di "vulnus" come ferita dell'anima, fa di Juliet il modello di una persona che non si vuole schierare a favore di regole semplicemente imposte dalla convenzione, perché si trova in una condizione psicologica di ricerca e d'approfondimento di sé, per riuscire a compiere il passaggio da uno stato di bisogno e di dipendenza a quello di autonomia e libertà, l'obiettivo principale di quest'archetipo divino.

"Alla radice di ogni malattia, fisica e psicologica,
c'è una ferita sostanziale".
M. Balint

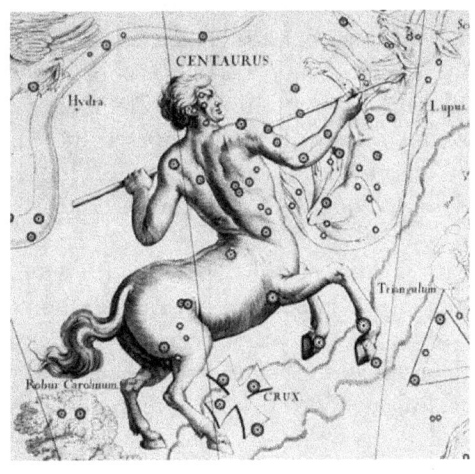

La tematica delle "ferite" è una costante di LOST.

Fin dalla prima Stagione, i *Losties* hanno dovuto prendersi cura delle loro ferite fisiche, a cominciare dalle conseguenze dello schianto per continuare con i traumi provocati sia dagli scontri sull'Isola con la comunità degli "Altri", sia con quanti insidiavano la loro vita prima del disastro. Li abbiamo visti così alle prese con infezioni, tagli, marchi a fuoco, cicatrici, che puntualmente si ripresentano, devono essere riprese in mano per essere curate.

La creatura mitica messa in relazione dalla psicologia al ferimento e alla guarigione è il centauro Chirone, simbolo di liberazione e ricostruzione di tutte quelle parti vulnerate e sofferenti della psiche che attendono soltanto di essere sanate.

Il mito di Chirone è molto bello e denso di significati simbolici su cui riflettere. Il centauro era tra tutti i suoi fratelli il più saggio, colui che aveva abdicato alla sua natura istintuale per favorire quella spirituale, ignorata dalla maggior parte degli altri centauri, stirpe istintiva, imprevedibile e violenta.

Figlio di Cronos e della ninfa Filira e quindi di un dio e una mortale, fu concepito dopo che Cronos, sotto forma di cavallo perché incapace di possedere diversamente Filira, l'aveva trasformata in cavalla, dando vita così ad una creatura metà uomo e metà animale che rimanda subito come simbolismo al conflitto tra materia e Spirito.

Abbandonato dalla madre inorridita dal suo aspetto, Chirone fu trovato ed allevato da Apollo che se ne prese cura, gli insegnò a tirare con l'arco, a cacciare, a profetizzare e soprattutto lo avviò all'arte della medicina. A sua volta Chirone divenne maestro di molti eroi greci tra i quali Giasone, Achille ed Asclepio, il dio della medicina, fino a Heracle, l'Ercole dei Romani, l'eroe solare ricordato per le sue "dodici fatiche" e ritenuto dalla mitologia un semidio.

Chirone amava i suoi discepoli, soprattutto Heracle al quale aveva ceduto tutti i suoi insegnamenti ma, per un destino beffardo, era stato accidentalmente ferito proprio dal discepolo prediletto che, durante una lotta sanguinosa con gli altri Centauri, lo aveva colpito per sbaglio con una freccia avvelenata, infliggendogli una ferita mortale. La sua natura immortale però, aveva fatto sì che la ferita non potesse dargli la morte, né che potesse essere curata, nonostante tutta la sapienza e conoscenza di Chirone, medico e guaritore degli altri.

Il centauro, straziato dal dolore e consapevole di non poter trovare una fine a questa sofferenza, perché non poteva morire e nemmeno guarire, lanciò grida talmente alte al cielo che Zeus s'impietosì di lui e gli regalò la mortalità, ponendolo poi a memoria per tutti nella costellazione del Centauro.

Se il primo riferimento possibile che si ha in LOST e riassuntivo della figura di Chirone lo si potrebbe trovare soprattutto in Richard Alpert, collegato alla comunità degli "Altri" che non invecchia finché non verrà liberato in VI^a Stagione da questa punizione collegata alla sua immortalità, il tema della "ferita inguaribile" ricorre con una certa frequenza anche nella storia di alcuni *Losties*, che avranno spesso a che fare lungo il racconto con ferite che si riaprono, che devono essere curate perché mai rimarginate.

Nel flash sideway VI/5 "The lighthouse" ("Il faro"), Jack scopre una cicatrice in corrispondenza dell'appendice, mentre si guarda allo specchio. Nel chiedere lumi alla madre, scopre che l'appendice gli era stata asportata quando aveva 7 anni. Similmente, nel IV/10, "Something nice back Home" ("Intervento imprevisto"), Juliet, come una novella Chirone, è chiamata ad operare l'appendice di Jack, sottoponendolo ad un'operazione molto dolorosa.

E infine, durante la VIª Stagione, Jack scoprirà e si stupirà per un'altra ferita sul collo che sembra antica, ma contemporaneamente intatta e soprattutto viva.

Il tema può rimandare al simbolismo e alla metafora delle "ferite emotive" che non si sono mai rimarginate perché procurate nell'infanzia.

Sono le ferite più profonde, quelle più dolorose e lente a guarire, perché spesso inflitte da chi doveva essere preposto a proteggere, a consolare, a perdonare. Il ricordo di quell'evento può essere tanto forte da indurre l'individuo a dimenticare, a rimuovere i ricordi dolorosi dalla memoria, fin quando nell'adolescenza e poi nell'età adulta non si ripresenterà l'occasione di una nuova ferita emotiva, che andrà a smuovere emozioni sepolte già sperimentate che sedimentano nell'inconscio; al loro manifestarsi, si avverte un forte senso d'ingiustizia e di sopraffazione, ma grazie alla capacità razionale della mente che è più forte e strutturata grazie all'età, sarà possibile per l'individuo tentare una guarigione di ciò che non poteva essere affrontato e risolto con la ragione in quell'età così precoce.

Si tratta di solito di esperienze di rifiuto e d'abbandono, di vergogna e svalutazione, esperienze in cui si entra in contatto con la propria limitatezza, con l'imperfezione umana, con la stessa ferita dell'incarnazione.

Scrive J. S. Bolen nel suo "Gli dei dentro l'uomo": "Il processo di ricerca è sempre una discesa graduale alla scoperta di sentimenti sepolti, alla scoperta del proprio mondo interiore, dove è possibile riprendere in mano il filo della propria storia. L'uomo scopre così che chiunque abbia sepolto o espulso dalla sua coscienza e lasciato dietro sé nel passato (il bambino che era, i genitori come figure di dimensioni sovraumane, persone che un tempo amava oppure odiava) è ancora vivo dentro di lui. Qualunque cosa sia stata sepolta esiste ancora nel mondo interiore. Qualsiasi cosa sia stata smembrata, è stata come "sepolta viva" e quando la si scopre è lì, intatta come allora". [23]

Ma nel simbolismo del mito di Chirone è anche spiegata la via che può portare alla guarigione, perché proprio nell'attimo in cui lui chiederà soccorso a Zeus ed accetterà la sua vulnerabilità e le conseguenze dell'essere terreno, otterrà anche la liberazione da un peso disumano, così come il peso era diventato disumano per Richard Alpert, perché la sua immortalità gli impediva anche di godere appieno del miracolo della vita.

Nell'attimo in cui avviene questo riconoscimento della parte terrena, nonché la consapevolezza che esistono situazioni che non si possono cambiare, che non si possono spiegare, si aprono nuove opportunità di vita, proprio così come è stato per Juliet, per Jack, per Kate e tantissimi altri personaggi che abbiamo ritrovato nel finale di LOST.

E' forse per questo che Chirone nell'arte greco-romana era raffigurato con un bambino sulle spalle, metafora che rimanda ancora una volta alla possibilità di ricontattare il "Bambino interiore", il "Bambino divino" che è vivo nella psiche dell'uomo e che può farlo entrare direttamente in contatto con la sua parte più vera, quella che gli permetterà di rispondere alla vita con autenticità, dopo che siano state affrontate e lasciate andare le più antiche paure di ferimento e di tradimento che hanno attraversato la sua esistenza.

[23] J.S. Bolen, Gli dei dentro l'uomo, Astrolabio Ubaldini, Roma 1989, pag. 291

Scrive l'astropsicologa Liz Greene in "La ferita e la volontà di vivere": "L'accettazione è uno dei doni di Chirone ed è molto differente dalla rassegnazione di chi si autocommisera. La preghiera di mortalità di Chirone può essere compresa come il simbolo dell'accettazione dell'essere mortale e costituisce una trasformazione che, sebbene non possa guarire l'inguaribile o alterare il passato, può radicalmente cambiare la nostra prospettiva di vita. La compassione di Chirone è la compassione di una persona imperfetta per un'altra".[24]

Il percorso di Juliet Burke, medico come Chirone, è molto esemplificativo in questo senso, perché grazie ad un lento ma costante processo di metamorfosi interiore, lei riuscirà a consapevolizzare l'esperienza d'abuso che ha subìto da parte di Linus, trasformandola in una modalità più saggia ed equilibrata di vivere i propri sentimenti, fino al punto di spezzare la maledizione che grava sull'Isola e che finalmente vedrà la nascita del piccolo Aaron.

L'ARCHETIPO DELLA "DEA VERGINE"

E' per questo che si potrebbe vedere questo suo cammino evolutivo come il passaggio dell'archetipo dell'ingenua ed istintiva Kore della Iª Stagione a quello della Vergine Athena della IVª, la dea della saggezza, della guerra e della tessitura, una dea non più "Vulnerata" ma "Vergine".

Nata direttamente dalla testa di Zeus, con elmo, lancia, scudo e corazza, Athena è il simbolo della maturità del femminile, di quella chiarezza d'idee e di pensieri di cui la donna può fare esperienza quando sia pronta a vivere quest'archetipo divino.

Il fatto che la dea non avesse conosciuto né madre né infanzia e quindi simbolicamente che non avesse coltivato dentro di sé quella sfera d'accoglienza e nutrimento che si sperimenta da bambini attraverso il contatto con l'amore materno, preposto a formare l'*Eros*, ma soprattutto che fosse nata già vestita ed armata di tutto punto direttamente dalla testa di Zeus, potrebbe simboleggiare sia le poche concessioni che la donna che si sia identificata in quest'archetipo fa al mondo dei sentimenti, sia l'imprescindibile bisogno di risolvere ogni aspetto della vita con la logica e

---

[24] Liz Greene, La ferita e la volontà di vivere, www.astro.com

con l'espressione della propria volontà, anche se quest'atteggiamento va contro ai bisogni del cuore.

Athena è la dea "impenetrabile": tanto quanto Persefone si era resa feribile a causa della sua immaturità psicologica ed emotiva, ma anche per il bisogno d'intrattenere relazioni intense e partecipate, altrettanto Athena rimaneva fredda nella sua olimpicità, in un distacco ragionato che le permetteva di gestire ogni situazione attraverso la logica ed il controllo dell'impulso vitale.

La lancia che tiene in mano e gli altri attributi di lotta che la riguardano simboleggiano il suo animo guerriero, penetrante ed acuto, nonché la capacità di potersi servire della mente brillante e altamente organizzata per escogitare strategie d'attacco e di difesa, con l'unico importante scopo di evitare la sconfitta.

E' per questo che la donna che si sia identificata soprattutto in questo modello divino preferisce valutare ogni esperienza e risolverla attraverso la sua "testa", come se fosse un filtro capace di setacciare tutto ciò che può indurre sofferenza o l'incontro con una profondità emotiva che lei teme di sondare. Solo così può restare "Vergine" e incontaminata dal desiderio e dalla dipendenza che può comportare il sentire, il partecipare, l'entrare in contatto stretto con gli altri, il "cum-patire".

La verginità di cui parla la psicologia mitica quindi, in contrasto con la vulnerabilità, è sinonimo della volontà della donna di bastare a se stessa, di mantenere uno stato di rispetto dello stato originario iniziale, al punto da "non farsi toccare dentro", nella parte più intima di sé, perché timorosa di perdere la sua tranquillità emotiva che potrebbe essere messa a rischio da una relazione coinvolgente, perché solo una relazione coinvolgente può far esporre il fianco alla sofferenza e alla perdita.

Alla base, nonostante la grande efficienza ed intelligenza che è presente in quest'archetipo divino, c'è spesso un senso d'inadeguatezza molto forte, una sfiducia di fondo che spinge ad alzare barriere difensive, col risultato di apparire freddi e distanti quando in realtà il bisogno d'accettazione e d'amore è superiore a tutto.

E in LOST noi abbiamo incontrato Juliet anche in questa fase.

Era la fase in cui lei non era più la donna ingenua e fiduciosa del III/7 "Not in Portland" ("Non a Portland"), ma non era ancora la Juliet della V^a Stagione, in cui abbiamo ammirato in lei una nuova saggezza e senso della misura, per una ritrovata fiducia in se stessa ed un bisogno d'empatia e partecipazione.

Juliet ci appare fredda, imperturbabile e con gli occhi di ghiaccio, una vera Medusa che pietrifica chi la guardi, proprio in quella fase di passaggio in cui si sta per compiere la trasformazione da Persefone ad Athena, quando ancora non può mostrare pietà per il suo aguzzino, né tanto meno per i *Losties*, che non rivestono per lei alcuna importanza.

In questa fase intermedia, Juliet esprime Athena soprattutto come dea della guerra: la vediamo imbracciare il fucile con una tranquillità ed una freddezza senza pari. La vediamo determinata e capace di colpire e reagire tanto bene quanto farebbe un uomo e sempre in questa fase la vediamo anche esprimere la razionale Athena quando si ritrae dai sentimenti d'amore che prova per Jack, nell'attimo in cui capisce che potrebbe essere ferita dall'eventualità di un rifiuto dell'uomo.

Ma il mito ci viene ancora una volta in aiuto ricordando che Athena non era solo la dea della guerra e della ragione, Athena era anche la dea dei mestieri e della tessitura.

La tessitura nei vari miti antichi, un'arte che era riservata esclusivamente alle donne, era un simbolo ben preciso di chiarezza interiore, ma anche di buon senso perché rappresentava la necessità che, ad un certo punto dell'opera, la filatrice riconoscesse "quando continuare a filare e quando stuccare il filo" della tela su cui era intenta; quando inserire un colore, abbandonandone un altro, in modo tale da migliorare e impreziosire l'intero disegno.

Si può ricordare che Signore della "tessitura della vita" erano le tre Moire, le Parche dei Romani: Lachesi (il Passato), Cloto (il Presente) ed Atropo (il Futuro). Erano figlie di Zeus e di Themi, la dea della Giustizia, sorelle di Ananke, la Necessità. Le dee erano preposte a far sì che il disegno della vita scelto dall'anima venisse portato avanti nel tempo stabilito, di conseguenza erano superiori a Zeus stesso, perché custodi dell'ordine naturale dell'universo, a cui tutti gli dei erano soggetti.

Platone, ne "La Repubblica", ci parla delle tre dee nel "mito di Er".

«Quando tutte le anime si erano scelte la vita, si presentavano a Lachesi. A ciascuna ella dava come compagno il *daimon* che quella si era scelto, perché le facesse da guardiano durante la vita e adempisse il destino da lei scelto. E il *daimon* guidava l'anima anzitutto da Cloto: sotto la sua mano e il volgere del suo fuso, il destino prescelto veniva ratificato. Dopodiché il *daimon* conduceva l'anima alla trama tessuta da Atropo, rendendo inalterabile il destino una volta filato». E Platone conclude così "Anime dall'effimera esistenza corporea, non sarà un demone a ricevervi in sorte ma sarete voi a scegliervi il demone, cui sarete poi irrevocabilmente legate. La responsabilità è di chi sceglie, il dio non ha colpa". [25]

E' molto interessante notare come, secondo Platone, la tessitura sia messa in relazione alla vita stessa, perché ognuno sia cosciente e renda conto del destino che la sua anima ha scelto per quella incarnazione.

Otre alle Moire, ricordiamo che il tessere e filare erano azioni riservate alle dee femminili, soprattutto "lunari" che si preoccupavano che le leggi del divenire, della morte e della rinascita fossero sempre rispettate.

E ad Athena il mito assegna l'invenzione stessa della tessitura, sconosciuta prima di lei. Esiodo ci ricorda infatti di come la dea avesse tessuto con le sue mani la bellissima veste che si sfilava per indossare l'armatura, di come avesse donato ad Hera un raffinato peplo per sedurre Zeus ed avesse insegnato a Pandora, la prima donna creata, l'arte del filare.

Questo attributo tipicamente femminile di Athena, perché non collegato né alle sue doti guerriere, né a quelle razionali di saggezza e capacità intellettive, mette l'accento sulla capacità che ha la donna "Athena" di esprimere al meglio l'intera gamma del potenziale femminile, anche se non ne è cosciente, anche se riconosce le doti intellettive come le sue uniche qualità. Ecco perché la vita sistematicamente la invita ad abbattere quel muro, ad abbassare lo scudo, a lasciare elmo e corazza, anche a farsi ferire se occorre, perché le ha anche donato l'ostinazione di volersi incontrare con la sua verità, analizzando se stessa e l'intera gamma delle sue emozioni.

Solo a quel punto lei riuscirà a capire quando è giusto "continuare a filare e quando stuccare il filo" e cioè battersi per i suoi ideali e le sue convinzioni, o lasciar andare certe ostinazioni che non possono più darle felicità; riuscirà a capire quando e perché stuccare il filo, così come la tessitrice stucca quello con cui ha tessuto fino a quel momento ed inserisce il più adatto, per colore e bellezza, a completare il disegno.

I mestieri e la tessitura che presiedeva la dea diventano anche simbolo della capacità di concentrazione che c'è in quest'archetipo divino. Quando il tumulto interiore delle emozioni si fa forte ed incontrollabile, anziché ricorrere al controllo mentale e alla rimozione delle forze istintive che inondano la coscienza, la donna può esercitare l'attesa, prendendosi tempo.

[25] Platone, Opere complete, vol. 6, Laterza, Roma 1971, pag. 349

Così come la filatrice si raccoglie in se stessa e pone la sua attenzione alla tela che sta tessendo, sfrondando tutto ciò che non serve all'opera su cui è intenta, allo stesso modo la donna che non voglia risolvere l'esperienza solo razionalmente può rifugiarsi nel suo mondo interiore tranquillizzando se stessa e senza dover sacrificare parti di sé più ricettive, che diversamente andrebbero perdute.

Gli orientali hanno un detto per cui "ogni particolare del piccolo disegno danza con l'insieme del grande disegno", il che significa che se la donna riesce a comprendere l'obiettivo che di volta in volta la vita le sottopone, acquista quello sguardo d'insieme che le può garantire la scelta migliore. Prendendo infatti consapevolezza della sua totalità, della sua ricchezza interiore, della sua grande capacità di dare, ma anche dei limiti e delle fragilità che fanno parte dell'umana natura, la donna Athena può diventare "la tessitrice della sua vita" e non affidare più a nessuno il compito di indicarle la via o di proporle un "disegno" che non sia quello che lei ha scelto in prima persona. Solo così lei potrà scegliere e non più farsi scegliere.

E Juliet potrebbe essere la sintesi perfetta di questo messaggio evolutivo: è riuscita a comprendere i suggerimenti che l'Isola nei vari sfasamenti temporali le ha sottoposto perché, come in un percorso a spirale, lei poteva avere la possibilità di andare avanti ma anche indietro sulla strada evolutiva, se soltanto si fosse fatta prendere dall'insicurezza, o dal risentimento, dal senso di inadeguatezza interiore o dalla paura di fallire.

Questa emancipazione è sottolineata puntualmente anche nel rapporto che lei ha con le altre donne della Serie. Se in un primo momento infatti e fino alla IV^a Stagione ci apparirà ostile a Kate perché entrambe attratte da Jack e poi, dopo lo spostamento dell'Isola, innamorate di Sawyer, divenuto Jim La Fleur, sarà proprio nella V^a Stagione che Juliet dimostrerà di voler anteporre la salvezza di tutti all'amore che la lega a Sawyer e capirà che sarà necessario collaborare con Kate per il bene collettivo.

E' quindi solo dalla V^a Stagione che Juliet Burke compirà la donna che è dentro di lei, esprimendo il meglio di sé e diventando "la tessitrice" della sua vita; una donna che ha imparato a darsi valore in prima persona ed è per questo che può scambiare e collaborare con l'uomo in totale parità, mettendo a disposizione il suo specifico potenziale femminile, perché ha riconosciuto la specificità e la rilevanza di quello maschile.

E' interessante notare infatti come Juliet, così come nel mito la dea Athena prediligeva appoggiare gli eroi e gli uomini potenti, sia stata di solito vista operare a fianco di uomini prestigiosi: innanzitutto l'ex marito Edmund Burke, capo del Laboratorio di Ricerca Medica della *Miami Central University,* che la sfrutterà e la soggiogherà a lungo col suo potere; quindi Benjamin Linus, capo degli "Altri", la persona più potente tra coloro che troviamo già sull'Isola e che la legherà a lui facendo leva sulle sue debolezze ed infine James Sawyer Ford che, divenuto Jim La Fleur nella fase temporale spostata a trent'anni prima, sarà tra le figure più influenti e soprattutto leader di spicco della *Dharma Initiative,* l'organizzazione che è attiva sull'Isola.

Questo agire a fianco di uomini potenti s'interromperà proprio quando Juliet prenderà consapevolezza del suo potere e valore personale, quando inizierà a confrontarsi e combattere con "armi" femminili, attraverso la mediazione, la collaborazione e la solidarietà. Questa nuova consapevolezza di sé e la fiducia che darà a se stessa come l'unica persona in grado di mettere in pratica le sue molte competenze e conoscenze dal punto di vista medico, le permetteranno nella V^a Stagione di sperimentare il suo primo successo personale con la nascita del piccolo Ethan, ma non in qualità di medico ed esperta di neonatalogia, bensì di meccanico, perché è questo il ruolo che le verrà assegnato nella dimensione dei trent'anni prima.

Questo per significare che in LOST tutto ciò che è collegato a schemi, ruoli e compiti a cui legare la propria identità viene messo in discussione e quasi ribaltato; in LOST non è importante tanto ciò che si fa, quanto ciò che si è e si è capaci di diventare.

Il successo personale, che la vedrà felice e finalmente appagata, sarà anche accompagnato dalla stima e dalla fiducia che le dimostrerà James Ford che, divenuto Jim La Fleur, s'innamorerà di lei, nella nuova vita che ha riservato loro l'Isola. E' in questo preciso momento che lei "ritorna la Kore che era", la fanciulla non più ingenua ma profondamente consapevole che finalmente sa quello che vuole, dopo però che siano stati compiuti gli altri due passaggi psicologici, da Persefone ad Athena, che non le avevano potuto risparmiare l'esperienza del dolore.

L'amore che LOST ci descrive tra Juliet e James è delicato ed allo stesso tempo intenso e soprattutto in linea con la trasformazione subìta dai due personaggi nel corso delle precedenti Stagioni.

Nell'amare James, Juliet rivela il suo bisogno di poter avere di nuovo non tanto fiducia in un uomo quanto nella vita stessa, di poter ricominciare a credere nelle sue potenzialità, in una collaborazione disinteressata con l'uomo che ama, che a sua volta si sentirà pronto a dare un senso diverso alla propria esistenza, rinunciando al suo amore tormentato per Kate e dimenticando quanto di peggio aveva sperimentato sull'Isola dopo lo schianto dell' "815".

E' per questo che la loro storia d'amore è stata vista dai fan come l'archetipo della rinascita, della possibilità di ricominciare a sperare, a tal punto che la scelta amorosa di Juliet non apparirà mai come un ripiego, ma come l'atto lungimirante della donna matura e consapevole che vuole darsi un'altra possibilità, che vuole credere in se stessa e in un modo di amare completamente nuovo. Quando Juliet rinuncia all'amore che l'aveva sempre legata a Jack per affinità e vicinanza elettiva, "stucca il filo" di una storia solo immaginata e fantasticata, che non avrebbe potuto avere un futuro.

Ed anche Sawyer, con la fine di LOST, dimostrerà di essere in grado lui stesso di saper "stuccare il filo" con Kate, proprio nel momento in cui si accorgerà di amare Juliet e con tutto se stesso.

La scena finale dell'ultimo episodio della Vª Stagione, che vede Juliet, Sawyer, Kate e Jack alle prese con la missione di far esplodere la bomba *Jughead* per tentare di riportare tutti a prima dell'imbarco sull' "815", nel momento in cui c'è una possibilità per Juliet di salvarsi e non precipitare nel condotto in cui la trivella sta perforando la sacca d'energia elettromagnetica, è ad altissimo impatto emotivo: lei, trascinata nel tunnel del condotto da spesse catene d'acciaio e quasi risucchiata dalla potente energia che si è sprigionata tutt'intorno, è come sospesa ad un filo di speranza e quel "filo" è la mano di Sawyer, che afferra la sua e non vuole lasciarla andare.

E lui la tiene e la tiene ed urla che non la perderà, fino al momento in cui lei scivolerà via.

Nonostante la disperazione di Sawyer e le sue urla che rimarranno per sempre impresse nel cuore dei fan di tutto il mondo, si può pensare che il gesto finale di Juliet, il sacrificio che affronterà con coraggio e dignità, era necessario e da interpretare in maniera positiva, così come sta a dimostrare la frase che Juliet pronuncerà nel primo episodio della VIª Stagione "Los Angeles L.A.X", mentre muore tra le braccia dell'uomo che ama:

"It worked", "Ha funzionato".

Così come Charlie Pace si era sacrificato non solo per amore di Claire ma di tutti gli altri compagni, perché nulla si sarebbe potuto compiere allo "Specchio" se non attraverso la sua morte, anche Juliet si sacrificherà non solo per amore di Sawyer, ma anche di tutti coloro che aspettano l'esplosione della bomba come un atto finale e risolutivo perché si compia la loro liberazione.

Juliet Burke è una grande, grandissima figura di donna.

La sua evoluzione psicologica, che la vede passare da una condizione di totale inconsapevolezza ad uno stadio di grande maturità, fa di lei un simbolo di un femminile che ha lavorato sulle sue paure inconsce e sulle sue fragilità senza negarle, ma semplicemente accettandole come facenti parte della propria natura.

Juliet Burke non si è mai privata dell'esperienza, ma si è calata nella sofferenza che apre ad una maturità completa, in cui poter godere della pienezza della vita, con quel coraggio che premia chi è sorretto da una fede incrollabile nei disegni della vita.

La soundtrack di Michael Giacchino "Juliet is lost" ("Juliet si è persa") che ascoltiamo nella III[a] Stagione sottolinea in maniera puntuale le immagini che ci presentano Juliet arrivare sull'Isola.

Dopo aver viaggiato addormentata nel sottomarino che sembra l'unica appendice possibile tra l'Isola e la terraferma, Juliet si sveglia e procede molto insicura verso l'uscita, una metafora che può far associare questo suo cammino in avanti all'evento della nascita: dal ventre del sottomarino, lei guadagna l'uscita quasi espulsa fuori da Ethan, l'uomo che poi lei farà rinascere in un'altra dimensione temporale; risale lentamente i gradini della scaletta che porta all'esterno e finalmente esce, cammina carponi con grande difficoltà e si alza in piedi a rimirare lo spettacolo straordinario che si presenta ai suoi occhi: è lo spettacolo dell'Isola che l'accoglie, ma in realtà, è lo spettacolo della vita.

CLAIRE LITTLETON

*"L'ultima cosa che mi sarei aspettata di saper fare
è la mamma"*

Se Juliet ci ricorda Persefone, regina dei fiori e del mondo sotterraneo, possiamo rintracciare la madre Demetra nel personaggio di Claire Littleton, impersonata dall'attrice Emilie de Ravin, sopravvissuta della sezione centrale dell'aereo, innamorata di Charlie Pace e madre del piccolo Aaron.

Gli Autori hanno disegnato per lei un bellissimo personaggio, facendoci assistere alla sua graduale evoluzione, attraverso una sofferta maturazione interiore. E' lei in fondo che porta con sé sull'aereo un messaggio di speranza, perché proprio grazie ad Aaron s'interromperà la maledizione che vuole che le donne dell'Isola non riescano a portare avanti le gravidanze oltre il sesto mese.

Fin dalle prime battute di LOST, Claire ci appare subito molto fragile, insicura e bisognosa d'aiuto. Lei sarà la prima ad essere salvata da Jack, che sentirà sempre verso Claire un feeling particolare, certamente messo in relazione al fatto che in V^a Stagione Jack scoprirà di essere suo fratello. Ma la fragilità e l'insicurezza di Claire è soprattutto dovuta a "un problema di madre". La sua storia precedente al disastro infatti, ci presenta la sua figura perennemente in lotta con la figura materna, che la critica per la vita che conduce. Claire la contesta e si oppone ad ogni suo desiderio fin quando in III/12, "Par Avion" ("Per via aerea"), scopriremo attraverso un flashback che lei aveva inconsapevolmente provocato il coma della madre in un incidente stradale e questo l'aveva riempita di sensi di colpa. Quando si ritroverà in attesa di un figlio, dopo essere stata abbandonata dal suo fidanzato Thomas, impreparato alla futura nascita, Claire deciderà di fare adottare il nascituro, convinta – così come Jack nei confronti dell'essere padre – che non avrebbe mai potuto essere una buona madre nella sua vita.

Lo schianto dell'aereo ce la presenta in questa condizione, mentre si sta recando in Australia per incontrarsi con la coppia adottiva. Ma proprio dopo la caduta sull'Isola, Claire farà uscire il suo lato più bello, quello che ce la presenta inesperta ma altrettanto desiderosa d'imparare, di crescere nel migliore dei modi il suo piccolo Aaron. Grazie anche all'aiuto e alla sollecitudine con cui tutti si prodigheranno colmandola d'attenzioni, ma soprattutto grazie al bene profondo che Charlie le dimostrerà e che la farà credere di nuovo nell'amore, Claire diventerà un'eroina forte e coraggiosa che si batterà tra mille pericoli, lasciandoci una delle scene più belle di LOST in cui lei, aiutata da Kate, partorirà il suo bambino nel mezzo della giungla, evento che si ripeterà nel VI/17, "The end" ("La fine"), in cui sarà possibile comprendere appieno l'importanza del suo personaggio.

L'ARCHETIPO "DEMETRA" – LA MADRE

Onorata come dea delle messi e dei raccolti, Demetra è spesso ritratta nell'iconografia antica con una spiga in mano. Invocata per garantire risultati e continuità all'opera dell'uomo, perché gli sforzi da lui compiuti per assicurarsi nutrimento e sicurezza fossero premiati, era venerata come Madre Terra.

L'esperto di miti Robert Graves ne "I miti greci", riporta che la dea non aveva un consorte al suo fianco, viveva con la figlia Kore che aveva avuto da Zeus, ma non si era mai sposata. [26]

---

[26] R. Graves, I miti greci, Longanesi, Milano, 1995, pag. 78

Ciò significa che Demetra gioiva esclusivamente del suo "essere madre", non solo della terra e dei raccolti a cui presiedeva con amorevole cura, ma soprattutto della figlia, a tal punto che le due dee erano fuse ed onorate assieme nei misteri Eleusini, la più importante religione dei Greci.

Anche lei divorata dal padre Cronos e liberata da Zeus, è soprattutto ricordata per il cambiamento di vita che aveva dovuto subire nell'attimo in cui la figlia le era stata portata via dal fratello Ade, invaghitosi di Kore, secondo il mito che è stato già ricordato nel profilo di Juliet Burke.

Tutto l'amore che Demetra aveva sempre dimostrato nei confronti degli uomini e la cura della Natura che lei aveva come compito divino e che rifletteva semplicemente l'intima soddisfazione di prendersi cura della figlia, si erano trasformati in disperazione nel momento del ratto di Kore e in rancore e desiderio di vendetta per punire l'offesa subita.

Per nove giorni e per nove notti Demetra aveva cercato la figlia, una ricerca disperata durante la quale aveva interrotto il suo compito divino: non si era più curata dei campi, non aveva più benedetto i raccolti. La terra si era fatta secca e gli uomini e gli dei avevano dovuto assistere alla sua furia, una follia che la spingeva a vagare senza meta, pur di ritrovare la figlia perduta.

Ricordiamo tutti come la dolce Claire facesse uscire un lato spietato di sé quando c'era di mezzo l'incolumità di Aaron. Nulla aveva più valore per lei se non la sicurezza del figlio, se non stare insieme al figlio e prendersi cura di lui.

A livello psicologico il mito suggerisce diverse simbologie che possono aiutare a comprendere la ricchezza dell'archetipo, ma anche il rischio che c'è per la donna di una piena identificazione che può risultare negativa.

Innanzitutto, il bisogno imperioso di maternità, che copre ogni altro istinto e lo sovrasta.

Un desiderio che riconosciamo anche in Claire quando nel II/15, "Maternity leave" ("Maternità"), dopo aver pianificato ogni dettaglio per dare in affidamento Aaron, improvvisamente rinuncia e decide di tenere il bambino.

Questa scelta è collegata all'archetipo Demetra, che porta la donna a identificare se stessa nel ruolo di madre, a trarre soddisfazione solo dal generare, nutrire e prendersi cura delle sue creature, che diventano per lei fonte di vita, di gioia e rigenerazione.

Anche quando apparentemente la donna non sembra interessata alla maternità, l'archetipo dall'interno continua a spingere per il suo riconoscimento, perché nell'inconscio collettivo femminile l'essere madre sta alla radice dello stesso "essere donna", uno stato originario strettamente collegato al dono di prosecuzione del genere umano. La donna è "geneticamente madre" e proprio per questo l'archetipo può attivarsi anche in età che appaiono sempre meno condizionate da regole e limiti convenzionali; se la donna è motivata a compierlo e non interessata al giudizio sociale, o a quanto esprime la massa, lei farà di tutto per diventare madre.

Sono infatti sempre più frequenti le donne che, dopo aver vissuto nella prima parte della vita il lato più attivo della loro natura, spesso riflesso dagli archetipi Artemide, Athena ed Afrodite, si ritrovano intorno ai quarant'anni con un forte "desiderio di figlio", in un'età che spesso il collettivo non reputa adeguata o giusta per la maternità. Gli archetipi però non hanno tempo, né spazio che li possano condizionare. Gli archetipi si attivano quando l'individuo sente il desiderio di un qualcosa che deve potersi compiere per favorire la sua emancipazione, per ampliare la conoscenza di sé, al di là di ciò che pensa la massa, o tutte quelle imposizioni e regole comportamentali fissate dalle convenzioni.

Se l'archetipo Hera, collegato alla sposa di Zeus, spinge la donna verso il matrimonio per avere identità e non la fa sentire realizzata finche non raggiunge lo stato di coniugata, la donna Demetra spesso si sposa per diventare madre, o addirittura si serve dell'uomo solo per raggiungere quest'obiettivo e non esita a "dimenticarsi" di lui quando l'ha realizzato.

I fan della Serie ricordano bene come si era rivelata dura Claire nei confronti di Charlie quando aveva scoperto che lui le aveva mentito, ma anche quando aveva cominciato ad avvertire che la presenza dell'uomo stava diventando eccessiva ed invadente.

In II/12 "Fire and Water" ("Fuoco ed Acqua"), arriva a schiaffeggiarlo e ad allontanarlo perché lui, innamorato e desideroso di trovare un riscatto in questo suo nuovo ruolo, si era fatto possessivo, dispotico con gli altri ed estremamente geloso.

Come tutti gli archetipi infatti, anche quello di Demetra ha una parte luce e una parte ombra, perché se da un lato riassume in maniera perfetta il principio di *Eros* junghiano, quando conferisce alla donna la capacità di farsi custode dei sentimenti d'amore e dedizione all'altro, se le assicura nell'attimo in cui diventa madre una condizione di completezza proprio grazie al figlio che porta in grembo, dall'altro lato si rifà più di ogni altro archetipo al lato oscuro della Grande Madre, che finisce per diventare iperprotettiva fino a farsi invadente e soffocante nei confronti di chi le vive accanto, soprattutto dei figli da cui pretende quel riconoscimento di cui ha bisogno per sentirsi apprezzata e che non riesce a trovare e coltivare in se stessa, perché incapace di darsi valore.

Così come Demetra si era trasformata in una donna disperata, risentita e bisognosa di vendetta nell'attimo in cui le era stata sottratta la figlia, allo stesso modo la donna che abbia preferito quest'archetipo divino può diventare depressa o farsi irosa nel momento in cui perde l'oggetto d'amore che dava significato a tutta la sua vita, che sia esso un figlio o chiunque abbia occupato per lei questo ruolo.

Nel flash sideway VI/5 "The lighthouse" ("Il faro"), Claire diventa irriconoscibile, addirittura folle per la perdita di Aaron. Dimenticando completamente l'aiuto che le era stato dato dagli amici più cari, dimenticando l'affetto che le aveva sempre dimostrato Kate, la sua costanza nel volerla aiutare e proteggere dai pericoli dell'Isola, Claire arriverà a dichiarare di volerla uccidere se non le restituirà Aaron, quasi a significare che l'archetipo Demetra contiene in sé anche una radice di violenza ed d'imprevedibilità aggressiva, spesso collegata al bisogno inconscio della donna di scoprire altre dimensioni della sua natura di cui non sospetta l'esistenza, perché l'ideale dell'Io si è legato soltanto all'essere madre.

Ciò porterà gradualmente la donna ad aggiungere tessere importanti alla conoscenza di sé, a non sottovalutare la sua aggressività, soprattutto quando sia molto forte una radice di mitezza e passività che la donna ha difficoltà ad integrare con la parte più irruente della propria natura, che rimane inconscia fin quando la donna smetterà di rifiutare uno dei due opposti e cercherà di conciliarli tra loro in una sintesi nuova.

Sarà proprio attraverso la delusione e la perdita di quanto giudicava indispensabile alla sua felicità, che la donna riuscirà a maturare e ad uscire dall'unica identificazione che si era concessa; ridimensionando l'intensità dei suoi affetti, non pretendendo che gli altri colmino le sue "piene", dando un limite alle sue passioni, imparando la pazienza ed il valore dell'attesa, la donna riuscirà anche a dare un nuovo spessore ai suoi sentimenti, che si faranno maturi, perché lei sarà ormai consapevole del suo valore personale, del suo voler essere innanzitutto "madre di se stessa", in grado cioè di amarsi, rispettarsi ed accogliersi in tutte le sfumature dell'essere donna   e non soltanto quelle legate all'esaltazione e all'espressione della maternità.

BENJAMIN LINUS

"Siamo noi i buoni"

Il personaggio di Benjamin Linus, interpretato dall'attore Michael Emerson è, tra i personaggi maschili di LOST, quello di maggior complessità psicologica, così come hanno dimostrato i sentimenti opposti dei fan della Serie che si son schierati pochi a favore e molti contro di lui e le sue spesso incomprensibili scelte.

Lui è il Capo degli "Altri", la comunità che è già presente sull'Isola al momento dell'incidente aereo e con lui i *Losties* dovranno scontrarsi e a più riprese per raggiungere l'obiettivo di tornare a casa.

Se volessimo trovare anche per questa comunità un archetipo calzante, potremmo pensare alla rappresentazione di tutto quanto viene avvicinato al dovere e a regole imposte da fuori; "gli Altri" hanno un'organizzazione molto rigida e basata su norme severe, anche se discutibili e possono facilmente impersonare il sistema collettivo che induce l'uomo a conformarsi ad un unico modello di vita per sentirsi accettato, pur non approvando o giustificando le sue imposizioni.

Nello stesso momento, "gli Altri" diventano anche lo specchio di quella scappatoia che si può trovare nel campo della responsabilità personale, quando l'individuo tende a spostare all'esterno di sé la colpa della scelta che ha fatto, soprattutto quando la scelta si rivela sbagliata.

E' per questo che il termine viene usato indifferentemente non solo per identificare la comunità che vive sull'Isola, ma di volta in volta anche dai *Losties* stessi, quando ci sia da distinguersi dall' "altro da sé" in una dialettica di contrapposizione e negazione di responsabilità.

Quando facciamo la conoscenza con Ben Linus, ci appare un leader stimato e seguito dalla sua gente, che gli si affida completamente e ne accetta ogni richiesta, anche quando ci sia da uccidere o compiere misfatti, primo fra tutti il rapimento dei bambini che vivono nel campo dei *Losties*.

Ad un certo punto della IV\ Stagione però, lui verrà allontanato dalla comunità stessa che preferirà affidare il comando a Johnatan Locke, il personaggio più mistico di LOST, che si scontrerà spesso con Linus soprattutto per una diversa prospettiva nei confronti dell'Isola e delle decisioni che di volta in volta dovranno essere prese nello svolgimento dei fatti.

Fin dalla sua prima apparizione, il personaggio di Ben Linus presenta comportamenti decisamente incomprensibili, perché assolutamente contrari all'etica comune e che solo di tanto in tanto rivelano barlumi di umanità, fino al punto di mostrarci nella V\ Stagione un lato pietoso della sua natura a dir poco sorprendente, che anche i fan più bendisposti verso di lui non avevano minimamente immaginato potesse esserci in una natura così cinica e crudele.

Infatti, tanto ci è apparso prepotente e dispotico con i deboli e gli indifesi, oppure piagnucoloso e querulo con chi lo intimoriva, altrettanto si è fatto pietoso e misericordioso in alcuni punti della storia, perfino delicato quando ricorderà l'affetto sincero che l'aveva legato ad Amy, la sua compagna di giochi sull'Isola ed unica alleata sincera di un'infanzia infelice.

Non c'è dubbio infatti che la sua vita e gli eventi drammatici che la caratterizzano fino all'incontro con gli "Altri", il non aver mai conosciuto la madre, morta nel darlo alla luce ed aver passato l'infanzia accanto ad un padre che lo detesta perché lo ritiene responsabile della morte della moglie, hanno influito non poco sul carattere e sulla personalità di Benjamin Linus, cinica, opportunista e spietata.

Gradualmente, di lui e della totalità della sua natura uscirà un aspetto nuovo, soprattutto nel V/12 "Dead is Dead" ("Quel che è morto è morto") quando, in un flashback collocato nel 1989 scopriremo che era stato grazie a lui che la figlia adottiva Alex, allora una bambina di pochi mesi, era stata salvata da morte certa.

Con un gesto di coraggio e particolare umanità, un giovane Linus si era opposto all'idea di eliminare la piccola, nonostante per lui Alex non fosse ancora nulla. Lo stesso non era avvenuto nel IV/9 "The Shape of Things to come" ("Cambio delle regole"), quando, dopo molti anni, lui aveva paradossalmente provocato la morte della figlia sfidando il mercenario Keamy, che – nonostante l'ostentata sicurezza del padre - ucciderà la giovane come in un'esecuzione, sparandole a freddo un colpo di pistola.

L'aver salvato la figlia da piccola non gli garantirà di poterla salvare ancora una volta ma anzi, paradossalmente e secondo il miglior "stile LOST", saranno proprio i suoi modi di fare arroganti e spietati, nonchè la sua presunzione di "avere sempre un piano", che condanneranno Alex a morte certa, quasi a significare che il percorso evolutivo o "in avanti" o all' "indietro" dei vari personaggi va forse letto collegandolo di volta in volta all'esperienza contingente che stanno vivendo, al senso etico delle loro scelte, senza che ci sia un filo logico e coerente, collegato ad un tempo consequenziale nella sua linearità. E a questo concetto si potrebbe anche ricondurre l'espressione "cambio delle regole" pronunciata da Linus e cioè un ribaltamento di posizione per cui chi era stato "buono" in un momento del suo passato poteva dimostrarsi "cattivo" in un altro, ma poteva anche tornare "buono", così come è successo a questo personaggio nella Stagione finale.

Il rapporto tra lui e la figlia viene sviscerato dagli Autori con grande intensità e profondità psicologica, tirato tra sentimenti opposti d'amore e odio, soprattutto da parte di Alex che detesta lo strapotere del padre.

In particolar modo Linus si dimostra autoritario e tiranno quando indugia sul senso di possesso e di potere che sente di dover esercitare sulla figlia adottiva, soltanto in virtù del fatto d'averla salvata da una madre che lui giudicava pazza e soprattutto per averle risparmiato la vita quand'era ancora una bambina. Quasi inevitabile da parte di Alex innamorarsi di un uomo che il padre rifiuta, come gesto simbolico di ribellione ad un genitore tiranno, contro il quale lei lotterà fino a tradirlo, per difendere il suo diritto di poter scegliere liberamente l'uomo di cui volersi innamorare, così come era stato il destino di Penelope Widmore nei confronti di suo padre, o come sarà quello di Sun-Hwa Pa, di cui più avanti è trattato il profilo.

Anche in Linus quindi, si può rintracciare l'archetipo del padre Cronos che teme di essere spodestato dai figli e in ogni fase del mito: dopo l'uccisione del suo stesso padre Richard infatti, un genitore severo che per tutta la vita lo aveva rifiutato e fatto sentire responsabile della morte della madre, Linus – che aveva sempre protetto Alex con una gelosia morbosa – ne provoca la morte senza rendersene conto, viene esiliato ed abbandonato da tutti ed infine trova la sua espiazione e catarsi nella Stagione finale.

La propensione di Linus a ritenersi l'unico arbitro della vita e della morte di chi lo circonda, ma soprattutto delle persone che lui considera care e sulle quali gli sembra naturale esercitare potere, potrebbe avvicinare il suo personaggio all'archetipo del "Creatore/Distruttore", che lo esporrà ad un percorso che raggiungerà l'apice in "The Incident", l'ultimo episodio della V^a Stagione e che ce lo restituirà in una forma completamente nuova e rigenerata nella Stagione finale.

L'ARCHETIPO DEL "CREATORE/DISTRUTTORE"

Come abbiamo visto, Benjamin Linus è un personaggio complesso: dentro di lui, il bene e il male si rincorrono senza soluzione di continuità.

Lo sentiremo più volte affermare durante la Serie "We are the good guys" ("Siamo noi i buoni"), con un'insistenza ed una sicurezza di sé che sono risultate sempre spiazzanti a chi seguiva la sua storia, proprio perché in netto contrasto con l'etica e la morale comune.

Infatti, il suo ripetere continuamente di operare per il bene dell'Isola e di avere un obiettivo superiore a cui tutti si devono allineare senza discutere viene continuamente sconfessato dalla scia di morte e distruzione che lo accompagna lungo l'intera storia, quanto meno fino al punto in cui dovrà dolorosamente riconoscere di aver fallito in qualcosa.

Fino alla morte di Alex infatti, lo vedremo impegnato in situazioni in cui dimostrerà sempre un'indubbia sicurezza di sé, fino a quando non scoprirà di avere un tumore alla spina dorsale, ma soprattutto sperimenterà la perdita e la frustrazione più grande, per non essere riuscito ad impedire l'esecuzione della figlia.

L'archetipo del "Distruttore" d'altra parte, riassume in sé proprio queste fasi quasi obbligate di passaggio in cui, dopo aver assunto un'incredibile potenza e certezza della propria superiorità e quindi dopo aver usato in maniera scorretta il potenziale di cui dispone, l'individuo è chiamato a rivedere le sue azioni, fatte spesso nella piena inconsapevolezza, partendo da nuove basi, ma soprattutto da un nuovo approccio alla vita.

Attraverso il tradimento che dovrà subire da parte di Juliet che finalmente troverà il coraggio di lasciare gli "Altri", attraverso il disprezzo che gli dimostrerà la figlia per averla ostacolata in amore, attraverso il giudizio a cui verrà sottoposto per i suoi misfatti e la sua inadeguatezza da parte del *Fumo nero*, l'entità più misteriosa e indecifrabile che troviamo tra le creature sovrannaturali di LOST, attraverso la derisione da parte del suo popolo che gli preferirà John Locke e gli toglierà il consenso, ma soprattutto attraverso il disprezzo che gli dimostrerà Jacob, la mente superiore dell'Isola di cui più avanti tratterò il profilo, Benjamin Linus arriverà a compiere i tre stadi archetipici di crocifissione, morte e resurrezione che accompagnano molti miti antichi, che ce lo presentano confuso e prostrato nella V^a Stagione e finalmente purificato e rigenerato in quella finale.

E se volessimo rintracciare nel personaggio di Benjamin Linus anche un archetipo divino, potremmo avvicinarlo al dio Ade, il Plutone della mitologia romana.

L'ARCHETIPO "ADE"

Ade è il Signore degli Inferi, il mondo sotterraneo ereditato dopo la detronizzazione del padre Cronos ad opera di Zeus.

Dopo la caduta del padre infatti, i tre fratelli maschi Zeus, Ade e Poseidone si erano spartiti i tre mondi a disposizione: a Zeus era spettato quello della terra e del cielo, nonché il titolo di "Padre di tutti gli dei"; ad Ade, quello delle tenebre e del mondo sotterraneo, a Poseidone quello del mare.

Chiamato anche "l'invisibile" perché nelle uniche due risalite sulla terra si era munito di un elmo che lo nascondeva agli occhi degli uomini, Ade aveva una duplice valenza di creatore e distruttore; veniva infatti chiamato con appellativi diversi che andavano da "il buon consigliere", "il rinomato", "l'ospitale" ad altri più negativi ed oscuri, quali "colui che chiude le porte", il "detestabile". Aveva quindi una valenza positiva e negativa al contempo, racchiudendo dentro di sé il bene e il male, il sacro e il demoniaco, il potere di creare, ma anche quello di distruggere.

Se volessimo ritrovare nel suo archetipo l'equivalente delle filosofie orientali, lo Shiva indù è certamente l'esempio più calzante per esprimere questa doppia valenza di creazione/distruzione. Anche Shiva infatti veniva chiamato "il distruttore", "colui che rapisce", ma allo stesso tempo era onorato come "il beneaugurate", "il generoso".

Nel mito romano Ade diventa Plutone, (dal greco *plutòs*), il dio della ricchezza, dell'oro e dell'energia fecondante che assicura agli uomini grandi potenziali, ma conserva i connotati oscuri dell'Ade greco perché la qualità positiva di ricchezza si trasforma in quella negativa di spoliazione e forza distruttiva, quando deve giudicare e punire gli uomini che arrivano nell'Oltretomba, per sottoporsi al verdetto finale.

Rapportato a Zeus simbolo di luce, Ade è l'ombra, è il gemello oscuro, altrettanto potente però ed indispensabile come archetipo iniziatore per permettere alla coscienza d'incontrare l'inconscio nei suoi strati più profondi e da illuminare.

C'è da dire comunque che il dio Ade non aveva niente di simile alle caratteristiche che il mito occidentale attribuisce alla figura del diavolo della religione cattolico-cristiana. Come dio degli Inferi infatti, Ade non era preposto a giudicare chi avesse compiuto misfatti o peccati nei confronti del genere umano, ma esclusivamente a punire il peccato di *hubrys* e cioè un insaziabile desiderio di potenza, uno sconfinamento dell'Ego che spingeva gli uomini a trasgredire alle Leggi della Natura, giudicata superiore agli stessi dei.

E' per questo che Ade si distanzia fortemente dal dio Cronos, che simboleggia l'imposizione patriarcale di una legge o di una morale indiscutibile, anche se ingiusta e non conforme all'etica naturale.

E lo stesso mondo patriarcale di cui sono impregnati tutti i miti dell'età classica, con la costante per cui sull'Olimpo i posti di potere erano occupati solo da figure maschili, si discostava fortemente dall'Inferno di Ade, dove il regno sotterraneo assumeva piuttosto il simbolo di un regno materno, una sorta di "utero" contenitivo dove gli opposti vita/morte, inizio/fine erano strettamente collegati tra di loro, a tal punto che l'inizio di una vita non poteva non contemplare dentro di sé il seme della sua conclusione, perché solo così si sarebbe potuto rispettare il ciclo naturale dell'esistenza.

Paradossalmente quindi si può dire che, a differenza di Cronos e degli altri Dei padri della mitologia greca quali Zeus e Poseidone, Ade sia un "dio madre", perché interessato a punire soprattutto i reati compiuti contro Madre Natura.

Per tutti questi motivi, Benjamin Linus potrebbe ben rappresentare l'Ade di LOST.

Forte del suo unico desiderio, da lui giudicato sacrosanto, di mettersi al servizio dell'Isola per essere stato prescelto nel compito di tutelarne la sicurezza, Linus non si è mai preoccupato di punire la sua gente per scontri tra loro, non è mai intervenuto nelle dispute che nascevano tra gli "Altri", né tanto meno li ha puniti per ciò che facevano passare ai *Losties*, ma ci è apparso invece inflessibile con chi semplicemente si azzardava ad opporsi alla sua volontà, proprio per quell'illusione che lo seguirà fin dal suo ingresso in LOST di avere un contatto privilegiato con l'Isola, dalla quale si sentiva investito a rappresentarne i disegni superiori, talmente superiori da fargli credere di poter decidere chi dovesse morire o continuare a vivere, chi dovesse essere premiato o tolto di mezzo.

E forse l'esempio di quanto lui sia stato cieco nel portare avanti certi atteggiamenti lo troviamo espresso in tutta la sua drammaticità nelle prime battute della IIIª Stagione dove Linus, dopo aver fatto rapire Jack, Kate e Sawyer per portarli sulla Stazione dell' "Idra", rivelerà i suoi piani sotterranei ed il vero proposito di questo rapimento, perché si servirà dei tre e del triangolo amoroso che li coinvolge, facendo pressioni psicologiche su Jack attraverso l'amore che lui nutre per Kate, a tal punto da costringerlo ad accettare di operarlo, per rimuovere il tumore alla spina dorsale.

E' molto interessante soffermarsi anche ad analizzare i nomi che gli Autori e i loro collaboratori hanno voluto dare alle Stazioni *Dharma*, sparpagliate sull'Isola.

Se esaminati dal punto di vista simbolico e mitologico, molti dei nomi di queste Stazioni hanno un significato metaforico, che va al di là di una scelta fatta apparentemente a caso.

La Stazione dell' "Idra" per esempio, è l'unica che presenti una parte sulla terraferma ed una parte sott'acqua e il suo logo rimanda al mito dell'Idra di Lerna, il mostro a più teste che immerso per metà in una palude, terrorizzava e funestava la piccola città.

Il mito s'incrocia con quello di Heracle, ricordato per le sue "dodici fatiche" di cui la seconda vede proprio l'uccisione dell'Idra di Lerna, tanto che riflettere sul simbolismo del mito potrebbe far comprendere un po' di più la figura di Benjamin Linus e il suo ruolo distruttivo, ma anche di necessario iniziatore nel cammino redentivo dei *Losties*.

Molto bella la versione del mito che ne dà l'astropsicologo junghiano Howard Sasportas, nel suo "Gli dei del cambiamento, Urano, Nettuno, Plutone".[27]

---

[27] H. Sasportas, Gli Dei del Cambiamento, Astrolabio Ubaldini, Roma 2000, pagg. 221-224

Famoso per la sua forza e per il coraggio che l'aveva fatto distinguere già nella sua prima fatica, l'uccisione del Leone di Nemea, si ricorda come Heracle fosse stato chiamato dalla città di Lerna per uccidere il mostro a più teste che da tempo faceva strage di uomini ed animali. Prima di cominciare a cercare l'Idra, Heracle si reca da Chirone, il suo maestro e gli chiede cosa debba fare per sconfiggere il mostro, perché nessuno tra quanti avevano provato ad ucciderlo c'era riuscito. E Chirone gli parla così: "Lotta frontalmente e alla luce del sole e chiedi aiuto se non ce la fai; se c'è da inginocchiarti, fallo, ma soprattutto predisponiti a perdere, perché solo così potrai vincere".

Questo responso sulle prime sembra molto oscuro ad Heracle: un eroe come lui non poteva certo avere bisogno d'aiuto, né tanto meno predisporsi a perdere. Nonostante ciò e fidandosi ciecamente del suo maestro, Heracle si mette in cammino alla volta di Lerna.

Arrivato alla palude, non riesce subito a trovare l'Idra, non la vede; poi si accorge che è immersa in una caverna piena di sudicio e di fango e decide così di entrare, cominciando però ad affrontare il mostro solo lateralmente, perché non si vuole sporcare.

Comincia così a tagliare via via le teste più in alto e a lui più vicine, ma per ogni testa che mozza, ne rispunta subito un'altra, che lo costringe a raddoppiare gli sforzi. A quel punto Heracle si ricorda le parole del maestro: "lotta frontalmente e alla luce del sole" e comprende che finché agirà in difesa e con l'inganno non potrà vincere l'Idra; esce così allo scoperto e costringe il mostro a doversi rivelare, ma l'impresa diventa ancor più difficile perché a quel punto l'Idra fa uscire tutte le sue teste che si moltiplicano con una rapidità impressionante, non appena Heracle le afferra e le taglia via. La lotta sembra impossibile, ma soprattutto ìmpari e destinata ad essere perduta.

Ma proprio quando Heracle sta per soccombere, ecco che si ricorda le parole di Chirone "solo l'aiuto di un vero amico ti potrà salvare"; riconoscendo che ha bisogno di chiedere, va da Iolao, suo nipote a lui affezionato che lo aiuta così nell'impresa: l'eroe accende un fuoco e non appena stacca una testa del mostro, la passa a Iolao che la raccoglie e la brucia, impedendo alla testa di potersi rigenerare.

Quando i due stanno per tirare un sospiro di sollievo perché manca solo la testa centrale, Heracle si accorge che l'Idra mantiene la testa nel basso, sfidandolo a scendere più giù e ad esporsi molto più che con le altre ed ancora una volta l'eroe si ricorda le parole di Chirone: "se c'è bisogno, inginocchiati". E così farà: inginocchiato nel fango della palude, si avvierà verso l'uscita costringendo l'Idra a seguirlo fuori della caverna, alla luce del sole e solo lì sarà in grado di staccare di colpo l'ultima testa, raccogliendo il gioiello in essa incastonato, nonché il veleno mortale che renderà vittoriose da quel punto in avanti tutte le sue imprese future.

E' molto interessante notare come gli Autori abbiano scelto la Stazione dell'Idra per illustrarci le prove più difficili e le scene più drammatiche e significative di tutta la Serie, in cui i *Losties* dovranno lottare per la loro vita.

La prima prova, descritta nel III/6 "Lo voglio" ("I do"), viene risolta con grande fermezza, coraggio e spirito di sacrificio da parte di Jack, Sawyer e Kate, un atteggiamento da contrapporre proprio alla meschinità e alla tendenza alla doppiezza in cui indulge Linus. Infatti i tre amici lotteranno frontalmente senza risparmiarsi, a differenza di Linus che agisce sempre lateralmente e non si espone mai in prima persona, preferendo far esporre qualcun altro al posto suo. In più, Jack e Sawyer riconosceranno che non potranno farcela da soli, ma che dovranno accantonare la rivalità che c'è tra loro per amore, a quel punto scoprendo l'affetto che li legava.

I due personaggi Jack e Sawyer, al di là della rivalità in amore, hanno sempre dimostrato un profondo senso d'amicizia che si è rivelato superiore, nello svolgersi dei fatti, al tornaconto personale. Emblematiche le parole che i due scambieranno tra loro, in un momento critico della storia, in cui Sawyer sentirà il bisogno di confidarsi con Jack su quanto lo preoccupa: Jack, "Perché me lo stai raccontando?", Sawyer, "Perché per me sei la cosa che più assomiglia ad un amico".

E nella prima prova sull' "Idra", Sawyer ci appare proprio come un novello Heracle che, in ginocchio nel fango, sarà disposto a sacrificare la sua vita per amore di Kate, fino al punto in cui verrà salvato a sua volta proprio da Jack, il nemico/amico di sempre.

Con il finale della V^a Stagione, Ben Linus sembra aver acquistato una nuova umanità.

Gli Autori ce lo presentano infatti come un uomo depresso e profondamente piegato da un destino che ha mal interpretato o si è illuso di saper interpretare. La "perdita dell'innocenza" che vediamo citata nel V/11 "Whatever Happened, Happened" ("Quel che è stato, è stato") e che ci viene presentata come un momento di passaggio importantissimo in cui nello sfasamento temporale seguito allo spostamento dell'Isola, vediamo un Ben dodicenne ferito ed accompagnato al "Tempio" per essere curato, potrebbe alludere allo step psicoterapico in cui si affronta la necessità che la coscienza si apra all'inconscio per permettere alle due dimensioni d'incontrarsi ed illuminare ciò che è ancora in ombra. Solo così si può trasformare l'energia negativa dell'archetipo del "Distruttore" nell'energia positiva del suo opposto, l'archetipo del "Creatore".

Infatti, l'inconscio non è soltanto il contenitore di complessi e contenuti infantili rimossi che impediscono una sana evoluzione, ma è anche lo scrigno dei potenziali non utilizzati e di tutte le qualità mai sfruttate che, una volta contattati, possono rendersi disponibili per individuare nuovi canali espressivi capaci di utilizzare l'energia che restava inutilizzata e che si è resa fruibile proprio grazie allo sblocco.

Scrive Howard Sasportas in "Gli dei del cambiamento": "Accettando, controllando ed elaborando gli irrisolti infantili, ci riconnettiamo con le parti di noi stessi che abbiamo bandito e rimosso. Sebbene questi nodi emotivi riaffiorino in un primo momento in forma negativa, l'energia che contengono un tempo negata, ma poi risanata, si renderà nuovamente disponibile per essere integrata nella nostra psiche in modi più costruttivi. Non solo libereremo l'energia racchiusa nei nostri conflitti psicologici, ma recupereremo per nuovi utilizzi quella che utilizzavamo per negarli".[28]

Così sarà anche per Benjamin Linus.

Nella Stagione finale infatti, la sua figura acquista grande umanità, così come ci viene illustrato nel VI/7 "Doct. Linus".

In questa dimensione temporale, nonostante lui inclini ancora una volta verso forme subdole e manipolatorie così come era solito fare sull'Isola, il contatto con Alex, sua allieva e non più figlia nel flashsideway citato, gli farà rinunciare a certi modi scorretti di fare per il bene della ragazza, specchio della sua Anima femminile, da ricontattare per elevare l'archetipo e renderlo positivo e creativo. Sarà dopo questa trasformazione che Linus recupererà la gioia di rendersi utile e disponibile agli altri, di essere stimato ed apprezzato per la sua capacità di essere davvero "buono", così come ripeteva sempre a se stesso quand'era sull'Isola.

Complicata e sofferta, la figura di Benjamin Linus è certamente una di quelle maschili più intense che troviamo in LOST. Lui non entrerà a far parte dell'Assemblea Mistica in cui ritroveremo i Nostri alla fine della Serie, ma ciò non ce lo renderà meno caro, proprio per il percorso tutto "in avanti" che il suo personaggio ha realizzato e compiuto lungo le sei Stagioni.

---

[28] ibid., pagg. 221-224

"Tutto accade per una ragione"

Impersonato dall'attore Terry O'Quinn, Jonhathan Locke, il cui nome rimanda a John Locke, il filosofo inglese della seconda metà del seicento e padre dell'empirismo britannico, è uno dei personaggi più carismatici e rappresentativi che ci presenti LOST.

Il suo è un cammino evolutivo molto singolare che inizia con la perdita di un rene e poi dell'uso delle gambe, per poi miracolosamente cambiare in un destino di speranza e d'insperata rinascita.

L'aspetto miracolistico in LOST è sempre molto presente e particolarità costante della Serie, senza per questo costringere lo spettatore ad inquadrare i fatti e la loro sfera sovrannaturale nel genere fantascientifico o semplicemente fantastico/paranormale.

Il racconto si snoda infatti tra misteri e situazioni inspiegabili, come quelle per cui chi è ferito mortalmente o colpito da malattie terminali può magicamente guarire. E' questo il caso di Rose Nadler, guarita dal cancro dopo lo schianto sull'Isola, oppure di Jin–Soo Kwon, di cui è trattato il profilo più avanti, che risolverà la sua sterilità proprio dopo essere precipitato sull'Isola.

Ed alcune miracolose guarigioni accompagnano per tutto il racconto proprio il personaggio di John Locke, che stupisce continuamente lo spettatore per questa sua capacità di risorgere dalle ceneri, come l'Araba Fenice.

La sua vicenda umana è molto drammatica e ad alta partecipazione emotiva.

Allevato lontano perché rifiutato dai genitori naturali, Locke sarà avvicinato da loro solo nell'età matura con l'unico scopo di potergli "rubare" un rene, gesto indispensabile alla madre per sanare le sue difficoltà economiche ma soprattutto al padre Antony Cooper, interpretato dall'attore Kevin Tighe, perché dializzato e nella necessità di trovare un donatore compatibile per il trapianto. Cooper, che scopriremo solo più avanti essere lo stesso uomo che aveva distrutto la famiglia di Sawyer, per quel sistema di connessioni che lega i *Losties* l'uno all'altro, avvicinerà Locke con lusinghe ed una finta cordialità; si mostrerà felicissimo di aver ritrovato il figlio e lo illuderà di potergli finalmente dare quell'amore e quell'attenzione che Locke non aveva mai avuto e che aveva rimpianto per una vita intera.

Una volta carpita la fiducia e la buona fede del figlio e soprattutto una volta avvenuta l'operazione, Cooper abbandonerà Locke e soprattutto gli negherà ogni spiegazione logica di un gesto così crudele.

Il danno fisico e psicologico subìto da John Locke da parte del padre è descritto come uno dei momenti più drammatici che LOST ci abbia presentato. A partire dalla sua nascita, avvenuta prematura ed in circostanze rocambolesche per un incidente stradale in cui incappa la madre, la sua vicenda viene portata avanti dagli Autori con un fondo misto di struggimento e di disperazione, fino a raggiungere il culmine narrativo quando, dopo il "furto del rene", John verrà ancora una volta avvicinato dal padre che, non solo lo ingannerà di nuovo, ma provocherà la fine dell'unico amore sincero che John avesse mai avuto nella sua vita, quello per Helen Norwood, interpretata dall'attrice Katey Sagal, la donna con la quale aveva ricominciato a credere in se stesso e nella possibilità di ricostruirsi un futuro.

E quando Locke smaschererà il padre per una serie di truffe fatte a danno di una donna, questi penserà di metterlo a tacere scaraventandolo giù dalla finestra di un grattacielo della cittadina della Florida di Tallahassee perché, non contento di avergli già sottratto un organo vitale, vorrà rubargli anche la vita. Ma il suo tempo non era finito. Infatti, John sopravvivrà, anche se paralizzato ed in uno stato di profonda depressione, non solo per la ferita fisica inferta dal padre, ma soprattutto per quella psicologica, per la rabbia e la frustrazione di non essere riuscito a capire le intenzioni di Cooper e di avergli comunque permesso di raggirarlo ancora.

E' in questa condizione di menomazione fisica e psicologica, che lo incontriamo immobile e su una sedia a rotelle, nel momento di prendere l'aereo per tornare a Los Angeles, dopo che gli era stato impedito di partecipare in Australia ad un *walk about* e cioè un'esperienza estrema, da cui era stato escluso perchè disabile. Sull'Isola Locke riprenderà a camminare, si accorgerà di poter fare a meno della sedia a rotelle, anche se la sua nuova vita sarà scandita da altre situazioni d'immobilità o di ferimento da cui John sempre si risolleverà, mentre si snoda davanti agli occhi dello spettatore la sua drammatica vicenda personale, con un movimento ondulatorio di discese e risalite, fino alla morte per strangolamento ad opera di Benjamin Linus, che ci verrà mostrata nel V/7 "The Life and Death of Jeremy Bentham" ("Vita e morte di Jeremy Bentham").

L'altalenarsi di queste miracolose guarigioni, seguite da crolli improvvisi e rinascite repentine, assieme al suo atteggiamento di fondo che fa di lui un personaggio speciale nella sua singolarità, potrebbero fare dell'Isola il simbolo della forza rigeneratrice della psiche che spinge l'uomo a lottare anche nei momenti più bui e disperati, perché non manchi mai la speranza di credere ed avere fede, in se stesso e nei disegni della vita.

L'ARCHETIPO "ZEUS"

E' per questo che si potrebbe associare il suo personaggio alla figura mitologica del dio greco Zeus, il Giove dei Romani che, fatto allevare dalla madre lontano dal padre Cronos per evitarne il divoramento, una volta adulto ritorna nella casa paterna, libera i fratelli sfortunati che vivevano ancora ingoiati nella pancia del padre ed ingaggia con lui ed i Titani una lotta lunga e difficile, che Cronos perderà e che permetterà a Zeus di essere proclamato e riconosciuto "Signore di tutti gli dei".

Cronos da parte sua verrà confinato nel *Tartaro*, il luogo di punizione e di tormenti della mitologia greca e lì espierà le sue colpe per poi essere ritrovato dal mito in qualità di re autorevole e saggio, nella così detta "Età dell'Oro".

In linea generale quindi, possiamo dire che anche la storia di John Locke rientra in quell'archetipica lotta che permea il tessuto narrativo di LOST per cui il genitore spodesta, annulla o addirittura - nel caso di Locke - defrauda il figlio di qualcosa di vitale per la sua sopravvivenza, secondo un modello costante che obbligherà i figli a lottare contro i padri, non solo per affrancarsi e riscattare se stessi dal danno subito, ma per permettere anche ai padri di consapevolizzare i loro sbagli ed interrompere una catena archetipica che affonda le sue radici nella notte dei tempi e che chiede soltanto di essere spezzata. Il percorso d'individuazione sembra dover passare necessariamente attraverso questa dialettica che vede la colpa paterna ricadere sul figlio, così come si legge nel Vecchio Testamento, affinché il figlio possa risolverla con uno scatto in consapevolezza, perdono e cristiana compassione nei confronti dei genitori, così come ci è stato illustrato in vari passaggi della VIª Stagione.

Infatti, nell'ultima Stagione, Jack, Locke e lo stesso Ben ci verranno presentati in una condizione psicologica ribaltata rispetto quella presentata nei flashbach delle Stagioni precedenti, perché vorranno prendersi cura con amore e compassione dei loro padri, presentati come deboli, impotenti e bisognosi di attenzioni.

La tematica junghiana del "percorso d'individuazione" e la necessità di risolvere l'imposizione delle regole da parte del patriarcato con un gesto di perdono delle nuove generazioni, nei confronti delle sue eredità negative, sono costanti della filmografia americana: la prima trova una bellissima esemplificazione nella saga del "Re Leone", "The Lion King", (1994), diretto da Roger Allers e Rob Monkoff, il cartone animato della Disney in cui è ripreso il tema della costruzione dell'identità individuale e la seconda è mirabilmente riassunta nella Saga di "Guerre Stellari", "Star Wars" (1977-1983) di George Lucas, citata proprio da Hugo Reyes nel V/13 "Some like it Hoth" ("Il padre che non c'era"), in cui Hugo, ricorda come Luke Skywalker si fosse rifiutato di uccidere il padre proprio per non diventare come lui e di come si fosse battuto per rintracciare in se stesso quel moto di pietà e di perdono verso il genitore, grazie al quale avrebbe liberato non solo se stesso da un sistema automatico di odio e vendetta, ma anche lo stesso padre, non più idealizzato dal figlio e costretto ad impersonare un modello di figura divina che non lo poteva rappresentare.

E' questo che sentiamo ripetere con semplicità da Hugo nell'episodio citato, mentre parla con Miles Straume, interpretato da Ken Leung, il cui personaggio, illustratoci nel VI/13 "Some like it Hoth" ("Il padre che non c'era") è una bellissima e toccante conferma della teoria del "superamento del padre", grazie ad un atto di comprensione e perdono:

"Scusa se ho detto che hai paura di parlare con tuo padre. Anch'io odiavo il mio, mi lasciò che avevo dieci anni, ma io ho fatto una bella cosa: gli ho dato una seconda chance e siamo diventati molto amici e anche se non posso vederlo più, mi manca... e so che per lui è lo stesso".

Questo per dire che la lotta archetipica tra padri e figli, espressiva della lotta che l'individuo compie per liberare se stesso dai vincoli e dalle imposizioni delle regole ereditate, per introdurre qualcosa di personale nel progetto collettivo, potrebbe trovare una risoluzione definitiva proprio nell'aumento di consapevolezza delle nuove generazioni, capaci di cogliere dal pensiero dei "Padri" ciò che è ancora strumento di crescita e miglioramento ed abbandonare tutto ciò che è d'ostacolo, non solo alla propria emancipazione, ma anche a quella dell'intera umanità.

L'ARCHETIPO DELL' "UOMO DI FEDE"

John Locke è sicuramente il personaggio più fiducioso, più positivo e filosofico tra i *Losties* caduti sull'Isola, a tal punto che ognuno di loro guarderà a lui come ad una guida spirituale da ascoltare e di cui avere rispetto, anche quando assume delle decisioni che poco convincono per la loro astrusità.

Ricordiamo che il suo nome e cognome rievocano il filosofo empirista inglese della seconda metà del seicento, che elaborò una nuova idea sull'importanza ma anche sui limiti della ragione umana, per cui anche ciò che non viene compreso a livello razionale non è detto che non abbia un senso ed una motivazione nell'ottica esistenziale, fino al punto da arrivare all'assunto che è rimasto legato al suo nome per cui "La ragione è e deve essere solo schiava delle passioni e non può rivendicare in nessun caso una funzione diversa da quella di obbedire e servire ad esse".

Fedele al suo cognome, anche Locke è certo che sull'Isola "everything happens for a reason" ("tutto accade per una ragione"), come lo sentiremo spesso ripetere lungo la storia, a partire dalla caduta dell'aereo che nella sua convinzione è avvenuto per un motivo ben preciso, anche se incomprensibile ed oscuro a tutti.

Nel II/1 "Man of Science, Man of Faith" ("Uomo di scienza e Uomo di Fede"), così riassumerà questo concetto John Locke parlando con Jack Shephard, scettico e perplesso sul da farsi, dopo l'arrivo sull'Isola: "Non crederai che tutto ciò sia accidentale... che noi, un gruppo di sconosciuti siamo sopravvissuti. Siamo stati trascinati qui per uno scopo tutti quanti. Facciamo parte di un unico destino, Jack, anche tu, solo che non lo sai ancora".

E' per questa sua percezione che lui guarderà sempre all'Isola come ad un'entità cosciente dotata di una propria volontà ed un proprio giudizio superiore, che indirizza il destino di tutti senza forzarlo; una sorta di mente onnisciente che ha un disegno ben preciso nei riguardi dei sopravvissuti e che potrebbe assumere il simbolo di "giudice" ma anche di "occasione" che hanno i sopravvissuti di compiere il destino personale, all'interno di un percorso sovrapersonale, che li ingloba e li trascende.

Secondo quest'ipotesi i *Losties* non sarebbero predestinati, come potrebbe sembrare a prima vista, ma semplicemente prescelti a collaborare tutti insieme ad un progetto comune (nell'ultima Stagione si parlerà di "candidati"), pur non capendolo e soprattutto non spiegandoselo a livello razionale, e secondo uno schema di interconnessioni che li metterà l'uno a contatto con l'altro, l'uno sulla via dell'altro, per cui il destino dell'uno non potrà compiersi se non attraverso il compiersi del destino di tutti, in un'inevitabile e quasi obbligata concatenazione.

C'è da ricordare, a questo proposito, che J.J. Abrams, uno degli Autori di LOST, è rimasto sempre colpito dalla così detta "Teoria dei Sei Gradi di Separazione", un'affascinante ipotesi elaborata nel 1929 dallo scrittore ungherese Frigyes Karinthy nel suo racconto "Catene".

Secondo Karinthy, qualunque persona sulla terra sarebbe collegata a qualunque altra, attraverso una catena di conoscenze con non più di cinque intermediari che, a loro volta, la raccorderebbero, con le loro connessioni, a tutta l'umanità.

Riporto a questo proposito un passo dello scrittore americano Brian Weiss che, nel suo "Molte vite, un solo amore" scrive: "Mi piace immaginare i rapporti tra le anime come un grande albero con migliaia di foglie. Le foglie che si trovano sul tuo ramoscello ti sono intimamente vicine. Tra di voi potete condividere esperienze, che sono esperienze dell'anima. Sul vostro ramoscello ci possono essere tre, quattro o cinque foglie. Una grande affinità e vicinanza vi unisce anche alle foglie del ramo vicino. Con voi esse condividono l'appartenenza ad un ramo leggermente più grande. Sono vicine a voi, ma non quanto lo sono le foglie del vostro stesso ramoscello. Analogamente, via via che si considerano le altre parti dell'albero, voi siete imparentati con tutte queste foglie, ma non così strettamente come con quelle che vi sono prossime. Tutte insieme però fate parte di un albero e di un tronco. In questa magnifica foresta, vi sono molti altri alberi. Ogni albero è collegato ad altri attraverso il sistema di radici che affondano nel terreno. Così, anche se la foglia di un albero distante sembra forse lontanissima da voi ed irraggiungibile, voi siete connessi con quella foglia. Siete collegati a tutte le foglie".[29]

Nel caso dei *Losties,* anche il loro destino non sembra poter riguardare soltanto gli interessi del singolo, le sue aspirazioni, i suoi obiettivi. In LOST non si abbandona mai l'idea che il singolo, per realizzarsi, debba necessariamente confrontarsi con una comunità, trascendendo le simpatie, le antipatie, il sentirsi amico o il sentirsi nemico, per arrivare ad un unico scopo di liberazione e redenzione finale. L'utile personale e le proprie valutazioni vengono per così dire "resi sacri" e trasformati in un sentimento religioso di partecipazione e condivisione collettiva, un moto di fratellanza dell'uno verso l'altro come creature che hanno un destino personale da compiere, che non deve però perdere di vista il compiersi del destino di tutti.

Scrive Gary Zukav nel suo "Una sedia per l'anima": "Il processo evolutivo che si verifica sul piano dell'individuo è lo stesso che avviene a qualsiasi stadio d'interazione tra individui. Quando un individuo si appella all'energia dell'archetipo dell'associazione non ne rimane influenzata soltanto l'associazione che forma con un altro individuo, ma tutta la comunità, l'intero villaggio, la nazione. Attraverso le vostre decisioni non vi evolvete soltanto voi, ma tutta l'umanità". [30]

Ed almeno fino alla III[a] Stagione, John Locke punterà continuamente a far riflettere i *Losties* su questa necessità, sull'importanza di operare tutti per il bene comune, abbandonando e lasciando andare i personalismi e gli egoismi, che potevano bloccare l'avanzamento verso la salvezza.

E' questo il motivo per cui si potrebbe facilmente riconoscere in questo bellissimo personaggio l'archetipo dell' "Uomo di fede", dove il termine "fede" non è necessariamente collegato a un credo religioso da seguire o a dogmi da rispettare, quanto ad una filosofia di vita che permetta, anche nei momenti più bui, di guardare lontano senza perdere il contatto con se stessi, con la propria umanità; solo così l'uomo avrà la possibilità di rintracciare in se stesso il senso superiore della sua esistenza sulla terra, in sinergia perfetta non solo col proprio destino, ma con quello dell'intero Creato.

---

[29] B. Weiss, Molte vite un solo amore, Oscar Mondadori, Milano 1996, pagg. 154-155
[30] G. Zukav, Una sedia per l'anima, Corbaccio Edizioni, Milano 1989, pag. 119

La fede che John Locke proverà nei confronti dell'Isola e che lo vedrà contrapposto all' "Uomo di scienza" Jack Shephard con il quale si scontrerà spesso per un diverso modo di vivere i suggerimenti proposti dall'Isola, gli garantirà sempre la fiducia per andare avanti, anche nei momenti in cui l'Isola lo metterà alla prova e minerà profondamente le sue certezze, infondendogli dubbi e moti di disperazione.

Nell'illustrare "Il Viaggio dell'eroe", simbolicamente messo in analogia col viaggio che deve compiere l'uomo alla ricerca di se stesso, la psicologia junghiana si sofferma su un punto cruciale, ma anche fondamentale per il compimento dell'intero viaggio: è quando, nel bel mezzo di un momento disperato, in cui tutto appare buio e non sembra esserci più speranza, nel momento in cui l'eroe sente di lottare contro forze tremende e sta quasi per soccombere, è proprio in quel momento che si ricorda di avere in tasca un amuleto, una noce, una monetina, un qualcosa datogli da una figura amica incontrata per caso durante il viaggio e che gli consente, nonostante gli attimi terribili che sta attraversando, di continuare a credere di potercela fare.

E' per questo che "l'Uomo di fede" si può distinguere dall' "Uomo di scienza" non solo per questa predisposizione a credere di poter superare le restrizioni della condizione umana che la vita impone, ma soprattutto per la liberazione da schemi collettivi di cui l'individuo fa esperienza, proprio nel momento in cui comprende il suo ideale, ciò in cui credere e per cui lottare; un pensiero positivo che è innato nella psiche di ogni uomo, come se fosse un pozzo inestinguibile di fiducia nella vita, un moto di speranza che gli permetterà di operare quel "balzo di fede", termine introdotto in LOST nella V^a Stagione, che lo traghetterà oltre il momento difficile che sta attraversando e gli offrirà la soluzione che risolve la prova.

Questo atteggiamento positivo caratterizzerà sempre John Locke, nella cui figura ritroviamo anche l'archetipo di Chirone, il centauro di cui ho trattato nel profilo di Juliet Burke, perché anche quando sarà ferito e vulnerabile, totalmente incapace di guarire se stesso, riuscirà ad essere guaritore e salvatore degl'altri. Infatti, lui è quello che "sente" i temporali, quello che intuisce i pericoli prima che gli altri ne abbiano la percezione e quindi può orientarli per superare qualsiasi minaccia, indicando loro la via.

E' lui che aiuta Charlie ad uscire dalla droga ed è lui che compare quasi dal nulla a quanti si trovano in difficoltà, così come capita spesso con Claire, quando appare confusa nel suo ruolo di madre, come se John intuisse l'importanza del più piccolo dei *Losties* nel disegno di salvezza collettivo.

Nella sua figura ritroviamo anche il richiamo dell'archetipo dello sciamano, per il rito su cui lo vediamo intento nel III/3 "Further Instructions" ("Ulteriori Istruzioni"). Dopo essere diventato muto e bisognoso di risolvere i dubbi che affollano il suo cuore, John si farà aiutare da Charlie a costruire una "capanna sudatoria", per "parlare con l'Isola" che sembra averlo abbandonato.

Il rito della "capanna sudatoria", o *Inipi*, è collegato alla tradizione dei nativi americani, simile al così detto "Bagno degli Incas", che si celebra in Perù.

Si tratta di un rito di purificazione e di ricerca del contatto con le proprie energie elementari, che si è perso dopo un periodo di distacco e di oscuramento della coscienza individuale. L'ambiente umido e caldo che si crea nella capanna, è come se facesse da "ponte" tra corpo e anima, consentendo di ristabilire un dialogo fecondo col proprio Sé interiore, non più separato dalla Fonte creativa, ma parte integrante ed indispensabile ad essa.

Nella cerimonia, sono presenti tutti gli elementi naturali: al centro c'è il Fuoco, su cui si versa l'Acqua che provoca il vapore; si è seduti sulla nuda Terra che diventa "Madre" e, come da un grembo caldo e rassicurante, spinge verso una nuova vita lo Spirito redento e purificato, che sale attraverso l'Aria, perché si compiano le nozze sacre tra Terra e Cielo.

Il rito assume così un valore di catarsi e rigenerazione proprio grazie all'incontro con le forze elementari della Natura, che purificano la mente e il corpo, appesantiti dalle passioni.

Non a caso John Locke, dopo alcuni suoi comportamenti astrusi e perfino violenti, si era fatto muto, incapace di parlare perché bisognoso di costruire un dialogo diverso con se stesso e con gli altri, che non lo riconoscevano più, perché diventato folle e prepotente.

Questo lato di John Locke si era già manifestato in alcuni flashback delle precedenti Stagioni, a cominciare dal VI/11 "Cabin fever" ("Ricerca febbrile"), dove ci appare come un giovane di grande talento, spronato dai suoi insegnanti ad assecondare il suo genio scientifico, che lui però non ama, perché sono altri i suoi interessi. A lui piace lo sport, gli piacciono i coltelli. Ma ha anche il "senso del tempo", così come apprenderemo nel flashback che ce lo presenta bambino, quando ci appare sicuro di scegliere ciò che gli piace, così come appare altrettanto certo di rifiutare ciò che per lui non ha alcun interesse.

Allo stesso modo, quando è ormai un adolescente, lo vediamo continuare a voler fare ciò che gli piace e non ciò che gli altri vogliono che faccia, spesso infuriato per l'ostinazione altrui di fronte a quest'atteggiamento. Infatti, è già in questo momento della sua giovinezza che lo ascoltiamo ripetere il suo intercalare fisso "non ditemi che non lo posso fare", per arrivare a quando, ormai adulto, parteciperà a delle sedute "per la risoluzione dell'ira", che lui aveva accumulato negli anni dopo il tradimento del padre.

Sarà proprio durante queste sedute, così come era accaduto a Desmond di incontrare Penny all'uscita del convento, che lui conoscerà Helen, che si innamorerà di lui, perché saprà cogliere la bontà ed il candore del suo cuore.

E' per questa potenza e scissione emotiva che si potrebbe individuare nel suo personaggio anche un altro archetipo divino, quello del dio Poseidone, Nettuno per i Romani, il dio del mare e delle profondità abissali.

POSEIDONE, IL DIO DEL MARE

"Scotitor della terra e del mare irrequieto

ti assegnano un duplice onore gli dei:

domare i cavalli e salvare le navi.

Salute Poseidone, re della terra:

o beato, assisti con animo amico i nocchieri"

(Omero "Inno a Poseidone")

Secondo la psicologia mitica junghiana, l'archetipo "Poseidone" è un modello psicologico complesso, collegato ad una tipologia d'individuo dal mondo emotivo molto intenso, perché tirato contemporaneamente tra il bisogno di farne esperienza ed il timore di esserne travolto.

E' un archetipo che infonde stati d'animo potenti, spesso estremi, perché colorati dalla soggettività, dall'irruenza ed incapacità di attendere, dal bisogno non riconosciuto di esercitare potere sugl'altri e dalla difficoltà ad elaborare la perdita e la sconfitta. Ricordiamo infatti che Poseidone amava sfidare sistematicamente gli altri dei per il possesso dei loro territori, ma perdeva le sfide, dopo di che dava libero sfogo a tutta la sua rabbia.

E' quindi un archetipo che spinge l'individuo all'ostinazione, al credere che nulla e nessuno possano interferire con i propri obiettivi, che vengono considerati perfetti, esponendosi così al crollo degli stessi, quando la vita ne testa la bontà e la sostanza.

D'altra parte i regni su cui dominava Poseidone non erano solo le acque del mare, ma anche le terre, tanto da essere definito "scotitor di terre", proprio per mettere l'accento sulla natura impetuosa e travolgente del dio, in grado non solo di rappresentare il mare quand'è in burrasca, ma anche i terremoti, le scosse che distruggono e sconvolgono il pianeta. Il dio è quindi collegato ad un archetipo preciso che identifica un individuo dalla grande sensibilità, ma anche da un'emotività aggressiva e violenta, che viene negata per il terrore che possa salire improvvisa da sotto ed inondare la coscienza, sommergendo - come le onde del mare - la sfera della razionalità.

L'acqua ed il mare vengono collegati dalla psicologia junghiana proprio al regno delle emozioni, così mutevoli ed improvvise nei loro cambiamenti ed in LOST è il mare che fa da sfondo alle scene sull'Isola, l'oceano dagli umori potenti e discontinui: in un attimo può passare dalla calma piatta ed infondere pace e tranquillità in chi l'osserva ed improvvisamente farsi minaccioso e distruttivo, terribile e letale per chi ne solca le onde.

Un aspetto del dio meno noto è collegato anche alle acque del sottosuolo, dove terra ed acqua si uniscono come simbolo di un'emotività che rimane invisibile, anche se potente e trattenuta.

Ed è per questo che spesso la vita spinge l'individuo "Poseidone", sia uomo che donna, ad incontrarsi con l'intera gamma delle sue emozioni, comprese quelle più negative che lui tende a reprimere, fin quando capirà che è impossibile controllarle attraverso l'uso della ragione, ma le padroneggerà e le dominerà, perché ha smesso di averne paura.

Un bellissimo esempio del percorso di conoscenza di se stessi e dell'intera gamma delle proprie emozioni lo troviamo nel film del taiwanese Ang Lee "Vita di Pi" (2012), basato sul romanzo di Yann Martel e vincitore di 4 Premi Oscar nel 2013.

La spinta religiosa del protagonista, scaraventato da un evento improvviso a scoprire le profondità della sua anima, tirata tra la dolcezza e la negatività di alcune emozioni, il suo drammatico incontro col mare che gli farà da specchio per la messa a fuoco della sua natura essenziale, spalancando la porta dell'inconscio, la presa di coscienza della necessità di affrontare "la bestia interna", di cui l'amica tigre è una splendida rappresentazione e quindi la consapevolezza di doverla nutrire ed accarezzare come unico modo per poterla domare, ma soprattutto il riconoscimento della necessità di doversi affidare alla vita, per superare le prove insormontabili che presenta, fanno dello straordinario viaggio di Pi un viaggio dell'anima, un esempio calzante del "percorso d'individuazione" junghiano, in cui è necessario rinunciare al falso Sé, per conquistare l'unica meta possibile, quella più ambita: la propria Verità.

Scrive Gianrico Carofiglio nel suo "Il silenzio dell'onda": "E quando sei su certe onde, montagne d'acqua, vere montagne, non ti importa di nulla. Vuoi solo scoprire di che pasta sei fatto. Non ti importa di niente a parte essere lì sopra. E c'è un armonia perfetta, in quei secondi che sei lì in equilibrio fra il mare e il cielo, quasi fermo mentre scivoli velocissimo tra l'acqua e l'aria, e il fragore. Passi nel mezzo dell'onda, nel punto esatto, equidistante tra questi opposti". [31]

Il "punto esatto, equidistante tra questi opposti" di cui parla l'Autore, è l' "in der mitte" junghiano, il "bardo" tibetano, il "metaxu" greco, una dimensione animica che – proprio perché al centro – può permettere alla mente di ricomporre gli opposti in una forma nuova, perché è solo nel centro che può avvenire l'integrazione.

Grazie a questo stadio di nuova consapevolezza, l'uomo Poseidone impedirà all'archetipo di assumere potere su di lui, gli impedirà di renderlo cinico, rubandogli l'umanità, la tenerezza, la delicatezza e quella capacità di partecipazione empatica con gli altri, che è la più bella qualità di quest'archetipo divino.

Infatti, il dio è anche ricordato per la sua tranquilla maestosità, quando col suo carro solcava il mare placando le onde, quando sedava gli uragani ed i venti contrari ed accompagnava dolcemente il viaggio dei naviganti, cullandoli con le sue onde.

Il mare diventa così maestro iniziatore, scuola di conoscenza, voce dei propri tumulti interiori, che possono essere accolti, rispettati e non giudicati.

Il mare si fa cura e guarigione.

---

[31] G. Carofiglio, Il silenzio dell'onda, Rizzoli Editore 2011, pag. 109

Mettere insieme la capacità di attraversare come un sommozzatore la profondità emotive ed i loro struggimenti e nello stesso istante immergersi nella piena dei sentimenti rimanendo presente a se stesso, è la sfida potente che propone quest'archetipo, il più difficile per l'Io civilizzato, ma anche il più ricco per onorare il valore e la ricchezza dell'intera sfera emotiva.

Scrive il commediografo e sceneggiatore americano Sam Shepard: "Da qualche parte c'è un mito che parla del lupo e della pecora. La vita consiste nel cercare di farli convivere assieme, nel cercare di trovare un equilibrio tra queste due parti, perché l'una cerca sempre di divorare l'altra. [...] La difficoltà sta nel cercare di accettare che questa è la condizione in cui si vive: la presenza di due parti che si scontrano e la minaccia che l'una abbia il sopravvento sull'altra". [32]

John Locke, oltre a simboleggiare l'archetipo "Zeus", potrebbe a buon diritto aver espresso anche l'archetipo del dio del mare, che identifica in lui una persona profondamente emotiva, vulnerabile e molto sensibile che, dopo la duplice offesa paterna subita e soprattutto dopo aver perso l'unico amore della sua vita, si era fatta rabbiosa e risentita, totalmente incapace di ricomporre e sanare la sofferenza prodotta da quella ferita. Lo scontro che lui avrà con Ben Linus sull'Isola, soprattutto nella IVª Stagione, quando si adopererà assieme a Jack a ridurre Linus in uno stato di sottomissione, lo vedrà spesso ricadere nelle dinamiche di rabbia che aveva provato nei confronti del padre, fin quando lui diventerà consapevole del suo Spirito interiore, capace di guidare e sostenere i *Losties* attraverso la fede.

E' per questo motivo che in Johnathan Locke il passaggio psicologico dall' "Uomo di fede" all'archetipo junghiano dello "Spirito" e del "Vecchio Saggio" diventa quasi automatico.

LO "SPIRITO" - "IL VECCHIO SAGGIO"

L' "archetipo dello Spirito" o "archetipo del significato" è un bisogno energetico della psiche che si attiva quando si presenta una situazione in cui la conoscenza personale, la razionalità o la semplice volontà non sono sufficienti a risolvere l'esperienza che si prospetta, che potrà essere superata solo grazie ad un ampliamento di coscienza.

---

[32] S.G. Freedman, Why Artists Pay the Wages of Creativity, in San Francisco Chronicle, dicembre 1985

Scrive Jung ne "Gli Archetipi dell'inconscio collettivo": "Il vecchio Saggio appare nei sogni come medico, mago, sacerdote, maestro, professore o persona comunque autorevole. L'archetipo dello Spirito in forma di uomo anziano o gnomo o animale si presenta sempre in una situazione in cui perspicacia, intelligenza, senno, decisione, pianificazione ecc. sarebbero necessari, ma non possono provenire dai propri mezzi". [33]

Di solito, si tratta di situazioni limite, spesso giudicate impossibili da risolvere, perché prospettano la perdita obbligata di un qualcosa che è sentito come irrinunciabile dalla persona, che si trova come di fronte ad un bivio, ad un momento di dubbio o di paura, in cui appare difficile fare una scelta, senza entrare in una dinamica psicologica paradossale. Proprio perchè non contattabile attraverso la mente razionale, lo Spirito viene attinto direttamente dall'inconscio che, a-temporale ed a-spaziale, fornirà la risposta arcaica, istintiva ed intuitiva di come potrà essere risolta una situazione.

Spirito ed Anima sono entrambi collegati all'emisfero destro del cervello, quello preposto ad elaborare la percezione delle emozioni e ciò a cui rimandano i sensi. A differenza dell' Anima però, lo Spirito è un archetipo dinamico, con connotazioni essenzialmente maschili, che aspira all'Unità.

E' un principio maschile, attivo, che scuote e vivifica la mente, facendola entrare in contatto col potenziale intuitivo che scavalca non solo le statiche suggestioni dell'Anima, ma anche le strategie razionali che l'Io pone a difesa di se stesso ed offre la risposta più appropriata all'esperienza inedita che si sta vivendo.

Infatti, di solito ciò che attiva lo Spirito è il rivelarsi di situazioni improvvise ed estreme che portano la mente "fuori dal seminato"; portano l'individuo in un territorio inesplorato di emozioni e sensazioni sconosciute che non possono essere affrontate né con le soluzioni della mente conscia, né col quelle proposte dall'Anima, senza il rischio di trascinarlo in una fase di stallo da cui sarà difficile uscire.

---

[33] C.G. Jung, Gli Archetipi dell'inconscio collettivo, Opere Vol. 9, Bollati Boringhieri, Torino 1997

E' quindi anche un archetipo che spinge a rintracciare e conoscere il senso superiore della vita e d'unione col Creato, perché libera l'individuo dai pregiudizi e convinzioni soggettive, lo libera dalle paure personali e quelle che derivano dai condizionamenti del collettivo, facendolo aprire ad una visione globale e più allargata dell'esistenza; gradualmente lo introduce a riflettere sull'arbitrarietà delle proprie conclusioni mentali e sulla necessità di lasciare andare le rigidità di pensiero che inevitabilmente chiudono al nuovo, quando è solo nel nuovo che si può trovare la risposta inedita e risolutiva all'inatteso che si prospetta, a ciò che la mente non aveva contemplato.

Lo Spirito chiama l'uomo "dal futuro", anticipando per lui quella risposta ricca di senso che non potrà essere trovata né negli intellettualismi della mente razionale, né nel ripiegamento su se stessi, su un nostalgico e sterile passato.

E' per questo che l'attivazione di quest'archetipo avviene quasi sempre in momenti molto particolari dell'esistenza, spesso accompagnati da stati di confusione o di perdita di certezze, o in quelle fasi in cui si sente di dover cambiare, ma non è ancora chiara la direzione da seguire: dall'infanzia all'adolescenza innanzitutto, dalla giovinezza alla maturità e via via fino alla vecchiaia.

Proprio per il presentarsi di dinamiche psicologiche delicate, l'individuo riesce a rivolgersi a questa figura di "Maestro interiore", che lo spingerà ad affidarsi non più solo alla mente razionale o ai suoi sensi, ma all'insegnamento dell'esperienza stessa, che diventerà una sorta di guida per superare la prova, un faro che illumini la via, secondo il significato che potremmo rintracciare nel VI/5 "The lighthouse" ("Il faro"), che vede Jack Shephard sconvolto dalla rivelazione degli specchi all'interno del faro, lo vede bisognoso di fermarsi, di sedere e riflettere sulle scelte che dovrà prendere, non solo per il suo bene, ma per il bene e la salvezza di tutti.

Ogni atto ed ogni affermazione del Locke precipitato sull'Isola dopo l'incidente aereo sembra seguire questo Maestro interiore, che per lui è l'Isola stessa quando gli parla e sembra approvarlo, o abbandonarlo attraverso gli eventi naturali. In tal modo, ogni esperienza - dalla più semplice a quella più complessa - viene affrontata da lui con misura e presa di distanza dall'evento in sé e per sé, che viene sempre giudicato necessario, anche se doloroso, per crescere in consapevolezza e verità, così come riassunto dal dialogo che lui ha con Sawyer, nel V/4 "The Little Prince", ("Il Piccolo Principe"):

- Sawyer: "E non vuoi tornare laggiù?"
- Locke": "E perché dovrei volerlo?"
- Sawyer: "Per agire diversamente e risparmiarti la sofferenza".
- Locke: "No, ne avevo bisogno per arrivare dove sono ora".

Un pensiero positivo che viene riassunto fin da subito, nella I^a Stagione, attraverso la bellissima immagine che ce lo presenta incredulo di poter muovere di nuovo le gambe, nonostante il disastro aereo che c'è stato.

E' un'immagine che si tinge di un qualcosa di soprannaturale, di sacro, nell'attimo in cui lui allarga le braccia sorridendo sotto la pioggia che improvvisamente scroscia, come se fosse un abbraccio ed una rassicurazione che gli arriva dal Cielo, non solo per consolarlo della sofferenza passata, ma anche come premio per aver continuato a credere in se stesso e sperare in un futuro migliore.

"Vocatus atque non vocatus deus aderit", "cercato o no il dio verrà", farà scrivere Jung sul frontone della sua casa. Una volta interrogato sul significato di questa citazione, Jung spiegherà in un'intervista: "Non è una dichiarazione di fede cristiana. Risale all'oracolo di Delfi e la parola dio va intesa come "domanda ultima". Ho messo quell'iscrizione per ricordare ai miei pazienti e a me stesso che il timore di Dio è l'inizio della sapienza; tutti i fenomeni religiosi, che non siano meri rituali della Chiesa, sono strettamente intrecciati con le emozioni".

E proprio a Johnathan Locke è affidato il compito d'introdurci al tema principale di questa Serie televisiva, lo scontro tra il bene e il male, simbolicamente riassunto nella dialettica tra il bianco e il nero, presente sia nella sigla di apertura della Serie, sia attraverso le parole di John Locke che, già nel 2 episodio del "Pilota", rivolgendosi al suo piccolo amico Walt e tenendo in mano una pedina nera ed una bianca del gioco del Backgammon, introdurrà lo spettatore nello straordinario mondo dei contrari e nella necessità di trovare un giusto mezzo tra loro.

I GIOCHI IN LOST

"Il Backgammon è un gioco per due giocatori:
uno è la luce, l'altro l'oscurità"

La tematica del gioco è molto presente in questa Serie televisiva e fin dalla prima Stagione.

Abbiamo visto i *Losties* giocare a *Backgammon, Scacchi, Poker, Golf, Forza 4, Risiko e Ping pong*, a tal punto da immaginare che gli Autori abbiano voluto dare un significato particolare alla tematica del gioco, un valore allegorico che può aprire ad alcune riflessioni. Oltre a ciò, gli Autori hanno sempre voluto curare un dettaglio che può nascondere un significato preciso e simbolicamente efficace: nel presentarci i due giocatori che di volta in volta si confrontano soprattutto nel gioco del *Backgammon* e in quello degli *Scacchi*, l'uno è di pelle bianca e l'altro di pelle nera, secondo uno schema che non può essere soltanto frutto del caso, ma che rientra in quell'attenzione al dettaglio simbolico e metaforico che è possibile cogliere in questa Serie americana.

Entrando nella dinamica dei due giochi, notiamo che entrambi introducono subito il contrasto visivo del bianco e del nero.

Negli *Scacchi* poi, con lo schieramento delle pedine che si confrontano come due piccoli eserciti, si capisce che si parla di una guerra simbolica da portare avanti, dove i due contendenti combattono per la vittoria, senza alcuna presunzione di superiorità. Infatti, i due eserciti conservano ognuno la certezza di essere nel giusto e di avere una buona ragione per aspirare alla vittoria finale, così come Ben Linus e Charles Widmore sono convinti di essere entrambi possessori dell'unica verità.

Ma è soprattutto la relazione tra destino e libero arbitrio, così presente in LOST, ad essere enfatizzata nelle varie sequenze del gioco: ad ogni fase della partita infatti, sottoposta a regole severe pur nella piena libertà individuale di scegliere il percorso, il giocatore non potrà procedere senza prevedere quali saranno le conseguenze della sua mossa, perché da ogni mossa dipenderà il futuro e la conclusione della partita stessa. Dovrà per questo visualizzare anche le mosse dell'avversario che - in un certo modo - sarà condizionato non solo dal suo proposito di vincere, ma anche dalle strategie messe in atto da chi gli sta di fronte, per cui dall'azione singola "a cascata" ne scaturirà inevitabilmente un'altra, un "effetto domino" che influenzerà il risultato finale.

A livello simbolico, è messo l'accento sul prendersi la responsabilità delle proprie azioni, valutando le conseguenze delle scelte ed immaginando dove porteranno. Infatti, nel gioco, ad un certo punto della partita, si verificherà una situazione tale in cui sarà possibile fare soltanto una mossa, come se il tracciato e lo schema finale si fossero ormai delineati già molte mani prima e non ci fosse più la possibilità di intervenire per modificarne il risultato.

Per quanto riguarda invece il simbolismo dell'impossibilità di assegnare un giudizio di valore e di bontà all'operato di una delle due fazioni, così come rappresentato negli *Scacchi*, abbiamo già ricordato come uno degli intercalari fissi di Linus fosse il suo ripetere ossessivo dell'espressione "We are the good guys" ("Siamo noi i buoni"), quando allo spettatore più razionale ed amante della giustizia la cosa non poteva che apparire assurda e paradossale. Come può definirsi "buona" una persona che rapisce, uccide, ricatta e dispone con crudeltà e cinismo della vita degli altri?

Questo per significare che forse gli Autori volevano semplicemente mettere l'accento sull'impossibilità di etichettare i comportamenti umani, per cui il "buono" ed il "cattivo" rimangono categorie astratte, ma soprattutto in trasformazione e strettamente collegate al cambiare progressivo ed evolutivo degli eventi, al momento contingente che i personaggi stanno vivendo, che non rispecchia più il passato e non rispecchierà il futuro che sarà, ma il momento temporale collegato allo specifico dell'esperienza stessa che stanno attraversando, come d'altra parte è stato ampiamente illustrato nella Stagione finale.

Quanto al *Backgammon* invece, che è l'altro gioco più volte riportato in LOST, oltre al simbolismo del bianco e del nero che c'è negli *Scacchi*, entra l'incognita del caso e delle condizioni fortunate o sfortunate che possono aiutare o sfavorire il giocatore durante la partita.

Ma nel Backgammon, è soprattutto la divisione del "campo esterno" dal "campo interno" che esiste nel gioco che può far pensare immediatamente all'Isola come ad un mondo a parte, mentre la regola per cui le pedine introdotte all'interno della tavola "dovevano essere ricondotte alla casa e poi nuovamente fuori dalla tavola", oppure la regola per cui le pedine "mangiate" almeno nelle prime versioni del gioco, erano costrette a "rifare tutto il percorso ricominciando dall'inizio", sono certamente quelle che colpiscono maggiormente l'immaginazione dello spettatore, perché potrebbero forse simboleggiare quell' "andare e tornare" di cui si è parlato più volte in questo studio, come il simbolo di un viaggio a ritroso attraverso il tempo in cui i *Losties* dovranno fare "Tabula rasa", che non è soltanto il titolo del III episodio della Iª Stagione, ma anche l'assunto fondante del pensiero del filosofo John Locke, per cui la mente umana è come un "foglio in bianco", che si potrà riempire solo con l'esperienza personale e le scelte che l'individuo deciderà di fare, in risposta all'esperienza contingente.

Il messaggio simbolico che si potrebbe rintracciare in questi due giochi quindi, è che i *Losties* saranno costretti ad abbandonare tutto ciò di cui hanno fatto esperienza fino a quel momento e "rifare tutto da capo per tornare a casa" e quindi essere finalmente se stessi e non soltanto quello che piacerebbe loro apparire e mostrare, o quello che sono diventati per il volere e le scelte di qualcun altro. Per far questo, dovranno "rimettersi in gioco", abbandonando vecchi e radicati modi di fare e comportamenti che li hanno seguiti fino a quel momento, che potevano essere coerenti con il loro modo di essere precedente alla caduta sull'Isola, ma che ora non sono più in linea con quello che sono diventati nel presente e soprattutto con quello che loro stessi, inconsciamente, vogliono diventare.

Infatti, sono loro stessi che vogliono cambiare e vivere in autenticità, più che continuare ad essere pedine di un destino che non comprendono e che sembra posto al di fuori e al di sopra di loro. Sono loro stessi che non vogliono più mentire, come riassumerà John Locke parlando con Jack nel IV/13 "Home sweet Home" ("Casa dolce Casa"): 'Lo sai Jack, di essere qui per un motivo. Tu lo sai… e se te andrai da questo posto, tutto quello che sai ti tormenterà e ti divorerà dentro, finché non deciderai di tornare. E se te andrai, sarai costretto a mentire su tutto, tutto quello che è successo sull'Isola. Se mentirai tanto bene quanto menti a te stesso, li convincerai".

132

A questo punto, il termine "casa", ripetuto più volte nel titolo dei tre episodi che compongono la trilogia finale, ma anche nelle parole di diversi personaggi lungo il corso di tutte e sei le Stagioni, potrebbe essere simbolicamente riferito ad una "dimensione dell'anima", alle proprie radici spirituali e ad un'autenticità che deve essere riscoperta, per poter esprimere davvero se stessi, perché è stata vinta la paura del rifiuto e della diversità e ci si è accettati nell'interezza della propria natura.

Scrive J. S. Bolen nel suo "Gli dei dentro l'uomo": "La casa è una destinazione psicologica dove entriamo in contatto con un centro spirituale, proprio come nell'antica Grecia la casa era un luogo sacro cui fare ritorno. La casa è un luogo sicuro dove c'è un focolare che ci accoglie. E questo luogo potrà essere la casa in senso stretto, oppure un luogo di solitudine e di pace, tra le braccia di una persona, quando giochiamo, quando lavoriamo, in un luogo di culto, in mezzo alla Natura. In qualsiasi momento e ovunque ci sentiamo "a casa", troviamo armonia e felicità e stiamo vivendo il nostro mito personale". [34]

Se volessimo rintracciare l'archetipo "casa" in un soggetto cinematografico che evochi la tematica della ricerca della propria natura essenziale, nonché il desiderio di conservare questa dimensione interiore fino alla fine, lo potremmo vedere ben rappresentato nel film "La leggenda del pianista sull'oceano" (1998) di Giuseppe Tornatore, ispirato ad un racconto di Alessandro Baricco.

E' la storia di Novecento, nato e cresciuto all'interno del transatlantico *Virginian,* dove lui si è incontrato con le emozioni più belle della sua vita fin dalla nascita: è lì che è stato cullato da piccolo dalle onde del mare, è lì che ha affinato il suo talento naturale di pianista, è lì che ha stretto rapporti sinceri d'amicizia, è lì che si è incontrato per la prima volta con l'amore e con i sentimenti di dolcezza e rapimento che esso ispira.

Quando sarà il momento di lasciare la nave ed avventurarsi nel mondo per raggiungere fama e successo, Novecento si rifiuterà di farlo, così come si rifiuterà di lasciare la nave quando, ormai in disarmo, verrà fatta saltare, segnando così anche la sua fine.

---

[34] J.S. Bolen, Gli dei dentro l'uomo, Astrolabio Ubaldini, Roma 1989, pag. 291

Non ho mai interpretato il suo come un gesto di fuga o di mancanza di coraggio, quanto di consapevolezza che solo lì lui poteva sentirsi bene, poteva sentirsi "a casa"; è la nave la sua casa, l'unico posto dove avrebbe potuto stare: la nave era stata come un grembo materno che l'aveva accolto e protetto quando era indifeso; la nave aveva visto i suoi momenti di gloria, le belle amicizie, i suoi sogni d'amore; non poteva esserci nient'altro di ugualmente importante, di ugualmente indispensabile ed essenziale per la sua felicità.

La "casa" che ognuno dei sopravvissuti desidera quindi e che per un destino apparentemente ostile ma al contempo lungimirante non riesce a trovare, se non per essere poi costretto a lasciare di nuovo, potrebbe simboleggiare proprio l'archetipo del Sé, quel "luogo di mezzo" psicologico di cui parlava Jung, in cui ci si può riconciliare con se stessi, sanando le proprie ferite affettive ed emotive. Un luogo in cui è anche possibile dare confini e delimitare gli spazi della propria ricerca introspettiva, in cui ci si può aprire di volta in volta a percezioni e sensazioni nuove, a nuove interpretazioni, che aprano a nuove opportunità di vita.

E si può ricordare a questo punto ciò che scriveva Jung a proposito dell'archetipo dell'Isola, così come riportato nel libro di Carla Lomi "Alle origini della Fata": "A livello individuale, il governo di un'Isola è simbolo del Sé, il fulcro che, distinguendosi dalla personalità conscia, costituisce la totalità della vita psichica e può determinare la maturazione e l'espansione della personalità". [35]

[35] C. Lomi, Alle origini della Fata, Edizioni della Meridiana, Firenze 2004, pag.124

BAGUA, YIN E YANG, TAO

Il raggiungimento della conoscenza di sé è teorizzato da sempre anche dalla millenaria saggezza cinese e rappresentato nella tensione dei due principi cosmici dello Yin e dello Yang, che ritroviamo quali fondamenti della filosofia Taoista e simboleggiati dai trigrammi del libro dei Mutamenti "I King", il più antico testo di divinazione cinese collocabile attorno al II sec. a.C. [36]

Questi trigrammi trovano nel Bagua (Ba, otto – gua, trigrammi) il simbolo più importante di LOST, perché lo ritroviamo ripreso dal logo ottagonale della *Dharma Iniziative* nelle varie Stazioni Dharma sparpagliate sull'Isola, dove il simbolo Yin e Yang viene sostituito da altri soggetti tra i più diversi: il cigno, la freccia, il caduceo, la perla, l'idra, il tempio, la fiamma, lo specchio, la tempesta, l'orchidea e il lampione.

In particolare, il logo della Stazione "il tempio" presenta una T al centro e potrebbe ricondurre alla T del TAO, l'energia creativa cosmica a cui è collegata il simbolo Yin e Yang ed il cui principio energetico dei contrari permea tutto l'Universo, così come teorizzato dalla filosofia taoista, che si riconduce a Laozu (VI sec. a.C.) o Lao Tze, "Il Venerabile Maestro".

---

[36] I King, Astrolabio Ubaldini, Roma 1995

Il mito a lui collegato e che lo vuole nato da una vergine, gli attribuisce l'ideazione del Tao Te Ching, il testo più antico sul Taoismo che lui scrisse con l'intenzione di orientare l'uomo verso la conoscenza completa di se stesso, nonché sulla sua partecipazione attiva al Principio Creativo.[37]

Se lo Yang rappresenta un'energia maschile positiva, rappresenta il sole, il cielo, la luce, il calore, il fuoco, il giorno e il trascendente, lo Yin rappresenta un'energia femminile negativa, simboleggia la luna, la terra, il buio, il freddo, la notte e l'immanente, a tal punto che i trigrammi dell'I Khing erano concepiti come immagini di tutto ciò che avviene in cielo e in terra. Nei loro mutamenti e movimenti riproducevano nel microcosmo i mutamenti e i movimenti del macrocosmo stesso.

Contemporaneamente si pensava che fossero in uno stato di continua transizione l'uno dall'altro, proprio come nel mondo fisico assistiamo ad un continuo passaggio da un fenomeno all'altro.

Il dualismo degli opposti cosmici quindi, poggia essenzialmente sul concetto di complementarietà tra principi duali: positivo e negativo, maschile e femminile, luce e ombra, giorno e notte, vuoto e pieno e così via.

Questo dualismo, secondo il Taoismo e molte altre filosofie orientali permea fin nel profondo sia l'Universo, che l'esistenza dell'uomo sulla Terra, affinché lui arrivi al riconoscimento di essere non separato ma un tutt'uno con l'Universo stesso. Seguendo quella che il Taoismo chiama "La Via di Mezzo", "La Via della Natura", il Tao, l'uomo ha la possibilità di entrare in contatto con entrambe le polarità dell'esperienza ed acquista quella prospettiva che gli consente di osservare gli opposti nella loro relatività, ma

---

[37] Tao Te Ching, La Vita Felice Editore, Milano 2011

a quel punto anche nella loro unità ed imprescindibilità. Infatti il Tao è la totalità che comprende non solo l'unico ma anche l'innumerevole, per cui dalla dualità si entra nell'indifferenziato, per poi ritornare all'Unità.

"Tutto è uno" è l'assunto cardine del Taoismo, ripreso nell'età moderna e con rivoluzionarie intuizioni dal fisico e filosofo David Bohm (1917-1992), che nel suo "Universo, mente e materia" invitava la fisica moderna ad osservare ogni creatura, vivente o meno, come parte di un'indivisa interezza (Undivided Wholeness) per cui, nell'Universo "Tutto è Uno". [38]

E l'unità è confermata in maniera esatta proprio dall'insieme delle due forze energetiche cosmiche, lo Yin e lo Yang. Queste due energie non sono in contrasto tra loro, ma anzi, traggono la loro ragion d'essere proprio dal contrasto: l'una ha bisogno dell'altra e completa la sua forza attraverso quella dell'altra, a tal punto che niente potrebbe essere manifesto se non ci fosse questa complementarietà. Sono anch' in eterno movimento: infatti, la luce non potrebbe esistere se non fosse seguita dalle tenebre, così come le tenebre non potrebbero percepirsi se non con il morire della luce e quindi di nuovo dissolversi con l'arrivo della luce.

E le manifestazioni dello Yin che sono generalmente considerate inferiori mentre superiori sono quelle dello Yang, (tenendo presente che questi aggettivi nelle filosofie orientali non esprimono concetti di valore, ma sono semplicemente collegati alla diversa energia impegnata), attraverso un movimento sinusoide a due tempi, si alternano in un "via-vai" che non vede mai la vittoria dell'uno sull'altro, ma una collaborazione ritmica e regolare.

I giorni e le notti si alternano senza sosta e in maniera tale che allo Yin notte si sostituisce gradualmente ed insensibilmente lo Yang giorno, che gradualmente ed insensibilmente comincerà a declinare, per permettere al principio opposto di aumentare di nuovo. L'uno contiene l'altro e non è se non con l'altro, così come nel simbolo del Tao, all'interno dello spazio nero c'è un puntino bianco e all'interno dello spazio bianco c'è un puntino nero.

Scrive Clare Martin in "Mapping the Psyche": "Nella tradizione esoterica, l'universo è percepito come un "unicum" organico, vivente e sacro, in cui tutto è intrecciato in una rete cosmica, dove tutti gli ordini della vita, manifesta e non, sono correlati, perché tutti condividano la santità della sorgente originaria", [39] concetto che può evocare nello spettatore "la sorgente di luce" che ci presenta LOST nella Stagione finale.

---

[38] D. Bohm, Wholeness and the implicate order, Routledge, 1983
[39] C. Martin, Mapping the psiche, CPA Press, 2005

La vicinanza tra il Tao e l'archetipo del "Sé" junghiano è quindi fortissima.

Scrive Jung sul "Sé" nel suo "Tipi Psicologici": "In quanto concetto empirico, denomino il Sé come il volume complessivo di tutti i fenomeni psichici nell'uomo. Esso rappresenta l'unità e la totalità della personalità considerata nel suo insieme". [...] Empiricamente il Sé appare nei sogni, nei miti e nelle favole in un'immagine di "personalità di grado superiore", come re, eroe, profeta, salvatore ecc., oppure di un simbolo della totalità, come il cerchio, il quadrato, la croce, il mandala ecc. Rappresentando una sintesi tra gli opposti, esso può apparire anche come diade unificata, quale è per esempio il Tao, fusione della forza yang e della forza yin." [40]

Leggiamo nel "Tao Te Ching":

"Per tutti i nati sotto questo cielo,
concepito il bello
nasce il brutto.
Fissato il bene
prende forma il male.
Allo stesso modo essere e non essere sono correlati,
possibile ed impossibile sono complementari,
grande e piccolo si caratterizzano a vicenda,
l'alto si capovolge nel basso,
suono e rumore si integrano,
prima e dopo si susseguono.
Così l'Uomo Reale permane nel non agire,
insegna senza parlare,
dirige senza comandare.
Conduce allo sviluppo senza appropriarsi,
compie senza fare.
Essenzialmente, non risiedendo nei correlativi,
partecipa della forza originaria".

---

[40] C. G. Jung, Tipi psicologici, Bollati Boringhieri, Torino 1968, pagg. 467-468

Lo stesso concetto si può ritrovare anche nel così detto "Vangelo gnostico di Filippo": 'Se fate diventare il due uno e quello che è interno come quello che è esterno e l'esterno come l'interno e ciò che è sopra come quello che è sotto e se fate del maschile e del femminile una cosa sola, così che il maschile non sia maschile e il femminile non sia femminile, allora entrerete nel Regno dei Cieli". [41]

"Il ritorno a casa" degli *Losties* quindi, che nella V^a Stagione era stato sostituito dalla necessità di ritornare sull'Isola per salvare chi vi era rimasto e che, se si può dar credito alla "Teoria dei Sei gradi di Separazione", era ritenuto necessario alla salvezza di tutti anche se giudicato nemico, ci fa pensare più che un viaggio nel tempo, ad un viaggio di ricerca interiore, un cammino evolutivo dell'anima verso la perfezione, capace di trovare conforto in tutte quelle fasi in cui l'inizio di qualcosa conclude qualcos'altro perché ci sia un nuovo inizio, in un perenne moto circolare che garantisce e preserva la vita.

"Andare avanti significa

andare lontano e andare lontano

significa tornare"

(Tao Te Ching)

---

[41] E. Pagels, I Vangeli gnostici, Mondadori, 1982

Nel libro "Le profezie dei Maya", Adrian G. Gilbert si diffonde sulle conclusioni a cui è arrivato lo scienziato ed ingegnere Maurice M. Cotterell sul misterioso popolo dell'America Centrale, dopo una serie di viaggi alla ricerca di testimonianze storiche ed architettoniche collegate a questa civiltà perduta.

Certamente il tempio che viene presentato in LOST può evocare molte delle costruzioni religiose piramidali Maya, in particolar modo sembra ricordare il Tempio di Palenque, la più bella di tutte le città Maya, fondata secondo la tradizione dal nobile Pacal, asceso al trono all'età di dodici anni: è lì che si trova la grande lastra triangolare che dava accesso alla sua tomba e sulla quale sono presenti mirabili incisioni.

Scrive Gilbert: "Cotterell aveva già visto molti altri manufatti precolombiani [...], ma niente lo aveva preparato alla sensazione arcana di a-temporalità ispirata da quella tomba. La grande lastra con il disegno complesso ed intricato sembrava provenire da un altro mondo, un luogo in cui logica e ragione erano capovolte. Un'opera d'arte, sì, ma anche qualcos'altro: un enigma. [...] Ora che la vedeva per la prima volta, qualcosa della sua magia parve trasmettersi a lui. Cotterell non poteva più ignorarla o fingere che fosse soltanto una lastra incisa: era viva e ora lui doveva esplorarne i segreti come se fosse un destino". [42]

La lastra di Palenque è il compendio della filosofia Maya, illustra il succedersi delle ere, i fatti principali della storia del mondo, è il Libro Sacro della creazione, il libro del passato, del presente e del futuro.

Un'altra importante conclusione a cui giunsero i due studiosi è quella secondo cui le antiche civiltà dell'America Centrale furono fondate dai sopravvissuti alla scomparsa di Atlantide, che si diressero chi in Egitto chi nello Yucatan, chi in Perù, portando con sé i resoconti e le alte acquisizioni scientifiche della civiltà perduta.

I riferimenti all'Egitto sono costanti in LOST, non solo per la presenza della chiave Ankh, la chiave della vita che la statua stringe tra le dita e che ritroviamo nella custodia della chitarra che Hugo porta con sé in VIª Stagione, o per il fatto che l'Antico Egitto era motivo di studio nelle classi a Dharmaville, ma soprattutto per i molti geroglifici che s'incontrano lungo le sei Stagioni.

[42] A.G. Gilbert, M.M. Cotterell, Le profezie dei Maya, Corbaccio Editore, Milano 1997, pag. 88

A cominciare dalla prima sequenza mostrataci nello II/14 "One of Them" ("Uno degli altri") mentre scorrono nel *countdown timer* della Stazione Cigno, troveremo poi altri graffiti nella dimora del *Fumo Nero* e nella stanza in cui Ben Linus evoca il mostro; li troviamo nella caverna in cui Ben girerà la ruota ad otto bracci, sulle mura che difendono il Tempio, nonché sulla mappa dell'Isola che Daniel Faraday, il fisico di LOST, porta con sé.

Tenendo presente che uno degli Autori, Damon Lindelof, ha sempre sostenuto che la scelta dei geroglifici in LOST non era stata casuale, perché ogni simbolo nascondeva un significato ben preciso, è possibile che gli Autori, nello scrivere il loro "Mito", abbiano tenuto presente le grandi civiltà del passato, i loro rituali, le loro divinità, nonché le tematiche simboliche collegate soprattutto alle antiche civiltà degli Egizi e dei Maya.

E' anche interessante notare che la tematica dell'infertilità che riguarda l'Isola trova un riscontro nelle conclusioni a cui arrivarono Cotterell e Gilbert per spiegare il declino del popolo Maya: sarebbe stata la riduzione dell'attività delle macchie solari, con un aumento delle radiazioni, a causare una diminuzione della fertilità e di conseguenza l'improvvisa scomparsa di questo grande popolo del passato.

Sulla convinzione che la civiltà Maya fosse stata fondata dai sopravvissuti alla scomparsa di Atlantide, alcuni approdati in Egitto, altri nello Yucatan, altri in Perù, i due studiosi arrivarono grazie a quelle che Cotterell definisce le previsioni del "profeta dormiente", alludendo alla figura di Edgar Cayce (Kentucky 1877-1945), mistico cristiano e fondatore dell' "A.R.E." (Association for Research and Enlightenment), il veggente più famoso ed ispirato del ventesimo secolo, che ci ha lasciato diverse "Letture" sulla fine del continente perduto.

"Secondo Cayce", scrive Gilbert, "non tutti gli abitanti di Atlantide perirono quando la loro terra fu inghiottita dai flutti. Molti fuggirono a bordo di imbarcazioni, [...] raggiungendo l'Egitto e, quel che più ci interessa, l'America centrale".[43]

Le "Letture" in cui Cayce cita lo Yucatan sono quarantuno. In particolare, quando gli fu chiesto di indicare il substrato storico delle origini e dello sviluppo della civiltà Maya, Cayce - durante una lettura che stava interpretando per un suo paziente - rispose:

---

[43] A.G. Gilbert, M.M. Cotterell, Le profezie dei Maya, Corbaccio Editore, Milano 1997, pagg. 205-209.

"L'entità si trovava nella terra conosciuta o chiamata terra di Poseidia, o Atlantide, durante quei periodi in cui ci fu la rottura; poi i figli della Legge dell'Uno di cui faceva parte l'entità viaggiarono verso parti di quella che ora è conosciuta come terra dello Yucatan". [44]

In più, secondo la mistica russa H.P. Blavatsky (1831-1891), fondatrice della "Società Teosofica", che ha ripreso gli studi del tibetologo del XIX sec. Alexandr Cosma de Koros, i discendenti degli ultimi sacerdoti di Atlantide, in fuga dopo la distruzione, penetrarono nella Terra Cava, che rappresentava il secondo livello di Shambhala, il regno nascosto al di sotto dell'Himalaya.

Gilbert si diffonde a lungo anche sui miti del popolo Maya, il più noto dei quali è quello legato alla leggenda di *Quetzalcoatl*, "il Serpente piumato", una delle divinità più importanti per molte civilizzazioni messicane e centro americane, che presso i Maya si onora come *Kukulkan*, simbolo di ciclicità del tempo, proprio perché associato alla dialettica di vita, morte e rinascita.

Scrive infatti Gilbert: "Sotto la guida di Quetzalcoatl, i Maya avevano sviluppato le arti e i mestieri fino a raggiungere un livello molto elevato. Quetzalcoatl era qualcosa di più che un eroe popolare: personificava la meta e gli scopi di una religione estremamente spirituale e pacifica che, molto prima dell'avvento degli spagnoli, aveva dominato gran parte dell'America centrale. Quest'età dell'Oro era finita quando, intorno al 950 d.C., Quetzalcoatl era stato costretto a trasferirsi ad est dopo un conflitto interno. […] Un giorno, Quetzalcoatl, che era venerato come un dio, sarebbe tornato a guidare il suo popolo". [45]

Anche se il mito del "dio chiomato" subisce dei cambiamenti a seconda delle civiltà che lo hanno adottato e del periodo storico in cui si colloca, in tutte le culture dell'America centrale *Quetzalcoatl* rappresentava una costante, il principio cosmico del duale: la terra del serpente ed il cielo dell'aquila, riuniti in un'unica simbologia. Il dio era molto amato e venerato perché buono e portatore di conoscenza.

---

[44] E. Cayce, Letture N. 1599-1, 29 maggio 1938
[45] A.G. Gilbert, M.M. Cotterell, Le profezie dei Maya, Corbaccio Editore, Milano 1997, pag. 22

Era il dio del sole, in analogia al cielo diurno e simboleggiava la vita e le forze creative del bene e dell'amore, a tal punto che veniva associato alla stella Venere, principale corpo celeste per i Maya che ne conoscevano e seguivano i cicli, mentre il fratello gemello *Tezcatlipoca*, dio della luna e del cielo notturno, simboleggiava il potere distruttivo del fuoco e le forze del male, personificava la morte e la brama di potere. Il suo nome rievoca ancora una volta il simbolo del fumo: lui era lo "specchio fumoso" in cui si riflettevano le opere dei malvagi che dovevano essere puniti o sottoposti al giudizio divino. Ma se presso i Maya i due dei erano ancora ben distinti tra di loro nei simboli positivo e negativo che evocavano, tanto che erano chiamati "il bianco" ed "il nero", più avanti il mito si evolverà guardando alle due divinità come le facce di una stessa medaglia, indivisibili e complementari tra di loro.

Ma la tematica più significativa legata a *Quetzalcoatl* era sicuramente quella connessa con la ciclicità dei tempi che devono succedersi ininterrottamente perché si possa costantemente assicurare all'umanità una possibilità di progresso; infatti, lui scandiva il tempo del così detto "ciclo dei mondi" e cioè un sistema di misurazione che si avvaleva di calcoli particolarmente sofisticati fatti dagli astronomi Maya sul moto di Venere, secondo il quale il tempo fluisce come in un circolo, a tal punto che non si può parlare di inizio o di fine collegati nella loro linearità, ma piuttosto di un percorso circolare senza interruzione, in cui l'umanità può crescere e migliorare in consapevolezza e verità.

In conclusione, leggiamo ancora Gilbert: "I Maya non erano tanto interessati alla "freccia del tempo" (passato, presente, futuro) quanto ai cicli ripetitivi. I moti del sole, della luna e dei pianeti erano ciclici e i loro rapporti reciproci formavano cicli di durata più lunga. Erano questi cicli a lungo termine, espressi in termini numerologici, a costituire il nucleo della loro scienza astronomica".[46]

---

[46] ibid. pag 157

Edgar Cayce ed altri studiosi tra i quali la già citata Madame Blavatsky e Rudolf Steiner (1861-1925) filosofo ed antropologo austriaco, fondatore della "Società Antroposofica", hanno fornito molte informazioni sull' "Archivio Akashico", o "Libro della Vita", che potrebbe essere considerato come un database dell'universo.

Questo archivio funge da memoria per ogni azione, parola, intenzione, pensiero che siano avvenuti in qualsiasi momento della storia dell'umanità. E' quindi un "registro dell'Anima" di ogni essere vivente, capace di accrescere la consapevolezza del suo essere spirituale, che potrà evolvere esclusivamente grazie al valore che darà al suo viaggio terreno.

I miti e le leggende di tutte le civiltà antiche di cui abbiamo conoscenza storica, gli Arabi, gli Assiri, i Fenici, gli Egizi, gli Ebrei e le civiltà precolombiane hanno nelle loro Scritture memoria di questo Sacro Libro della Vita. Nell'Antico Testamento, è in "Esodo" che troviamo riferimenti ad un libro divino (32:33) e Davide parla del libro su cui Dio ha scritto tutte le azioni della vita degli uomini, nel Salmo 139.

Leggiamo Cayce: "Il Libro della Vita è l'archivio che l'entità stessa scrive pazientemente sopra la matassa del tempo e dello spazio. Esso viene aperto quando il sé è sintonizzato con l'infinito", e ancora: "Nel tempo e nello spazio sono scritti i pensieri, le azioni, le attività di un'entità. [...] L'archivio è il libro dei ricordi di Dio ed ogni entità, ogni anima compie alcune azioni bene, altre male a seconda dell'applicazione del sé dell'entità a quella che è la maniera ideale di utilizzare il tempo".[47]

Questi studiosi confermano quindi il concetto per cui il tempo e lo spazio perdono i loro reali confini, o semplicemente quelli che la mente razionale ha voluto loro assegnare ed assumono il significato di strumenti esperenziali, attraverso cui l'inconscio personale può connettersi con l'inconscio collettivo e, come da un grande pozzo, pescare insegnamenti passati, sogni, ricordi, deja vù, viaggi di coscienza, che l'anima immagazzina e che potrà riutilizzare al meglio nell'incarnazione presente.

La stessa filosofia la ritroviamo puntuale nella Legge della *Samsara*, collegata alla Teoria della Reincarnazione delle filosofie orientali, in particolar modo di quella induista e buddista e sicuramente i riferimenti che troviamo a questo proposito in LOST sono molti, così come le espressioni che usano alcuni personaggi, lungo le sei Stagioni.

Innanzitutto il "See you in another life, brother" ("Ad un'altra vita, fratello"), spesso pronunciato da Desmond Hume quando saluterà questo o quel personaggio lungo le varie Stagioni, oppure le parole pronunciate da Charlie rivolte a Kate già nel secondo episodio del "Pilota": "Eravamo tutti morti, siamo nel bel mezzo di un revival" o quelle che pronuncerà nel I/9 "Solitary" ("Solitudine"): "Ero un artista nella mia vita precedente". Lo stesso Jack, parlando con Kate nel I/3 "Tabula rasa" esclamerà: "Tre giorni fa siamo tutti morti, dobbiamo ricominciare da zero", oppure la parola Kharma, pronunciata da Bernard per spiegare le conseguenze delle azioni personali nel IV/7 "Ji Yeon" , per finire con la domanda che Sawyer farà a Juliet in III[a] Stagione: "Come mai vuoi tornare sull'Isola?" e lei risponderà semplicemente "Kharma".

Altri richiami in questo senso sono il nome del *Progetto Dharma* che è alla base dell'intera storia, la ruota ad otto bracci che Benjamin Linus gira per spostare l'Isola e che ricorda "La Ruota della Vita", e infine le 108 battute che Desmond deve imprimere sul computer della Stazione "Il Cigno", che potrebbero rievocare i 108 rintocchi che le campane dei templi buddisti suonano l'ultimo giorno dell'anno a mezzanotte, o i 108 grani del rosario dei monaci giapponesi.

---

[47] E. Cayce, Letture 2533, 1650-1

Secondo la filosofia della Reincarnazione, le azioni del corpo e della mente sono insieme causa e conseguenza di altre azioni, niente è dovuto al caso, ma ogni avvenimento, ogni gesto è legato insieme da una rete di interazioni di causa/effetto. Secondo la religione induista, se si produce sofferenza o s'interferisce negativamente con il Dharma, si produce Kharma negativo; se si fa del bene, si produce Kharma positivo.

Il termine Dharma deriva dalla radice dhri che significa "sostenere, reggere", con un originale significato metafisico che rimanda all'essere conformi al "Principio Creativo" che opera all'esterno, nell'Universo, ma anche all'interno dell'individuo stesso, che ne è pervaso.

Più che una legge esterna regolata da dogmi religiosi quindi, il Dharma rappresenta il progetto di vita, la personale legge interna a cui occorre prestare obbedienza, se si vuole partecipare all' "Idea Creativa" originaria e lo si può fare coltivando un obiettivo superiore di miglioramento e di perfezionamento del proprio sé spirituale.

Questo significato di partecipazione collettiva al Principio Divino, sempre tenuto presente dal pensiero orientale, spinge quasi automaticamente ad attribuire al termine Kharma un valore di più ampio respiro, rispetto a quello che gli viene attribuito dal mondo occidentale; non si tratterebbe di un castigo o di una colpa da espiare, come se fosse un peso che segna una vita, né tanto meno è avvicinabile al contrappasso dantesco, che vede scontare un qualcosa, inflitto ad altri in una vita precedente e quindi molto vicino all' "occhio per occhio" che la Bibbia propone; il concetto di Kharma invita semplicemente a prendere consapevolezza delle proprie azioni, così come vuole l'assunto cristiano, non sottovalutando le conseguenze delle scelte.

Ad ogni incarnazione, secondo il percorso ciclico simbolicamente raffigurato dalla "Ruota della Vita", sarà data la possibilità all'anima di correggere e sanare alcuni irrisolti psicologici, affettivi ed emotivi, che costituiscono il bagaglio kharmico che è a lei riferito, una specie di "traccia" personale che seguirà l'anima in ogni reincarnazione, per permettere alla coscienza individuale di venire a capo di quanto dei propri comportamenti, pensieri ed intenzioni connaturati deve essere modificato, perché ostacola questo viaggio verso la ricongiunzione con la Fonte Creativa.

Leggiamo ancora Zukav: "La struttura del nostro processo evolutivo comporta la continua incarnazione e reincarnazione dell'energia dell'anima nella realtà fisica, allo scopo di guarire e riportare in equilibrio l'energia in conformità con la legge del Kharma".[48]

Secondo la filosofia della Reincarnazione, anche se l'individuo non ha consapevolezza dell'energia impiegata nelle incarnazioni precedenti, sarà piuttosto il suo inconscio, che, portando con sé il ricordo delle vite e delle esperienze precedenti ed in nuce la possibilità di quelle future, e quindi le sensazioni del vissuto e le aspirazioni del non vissuto, lo spingerà ad affrontare in chiave evolutiva l'incarnazione del momento, fino al miglioramento e risoluzione delle varie tematiche da illuminare, che lo spingeranno a cimentarsi soprattutto in specifici settori della vita, perché solo migliorando nei settori che la riguardano, l'anima potrà risolvere quegli aspetti inferiori e coattivi del Kharma, che bloccano o rallentano la sua crescita.

Il concetto di Kharma delle filosofie orientali quindi, partecipa attivamente alle finalità dell'Archivio Akashico, dove viene registrato e conservato tutto ciò che la persona ha compiuto nel bene e nel male nelle sue incarnazioni; a questo bagaglio, la sua anima potrà attingere continuamente per servirsi del potenziale energetico creativo messo insieme nelle varie incarnazioni, così come liberarsi di tutto ciò che rallenta il percorso ascensionale.

Nel corso di questo viaggio, come se fosse una scala in cui si può ascendere agli stadi superiori, oppure regredire a quelli inferiori, l'anima sceglierà lei stessa il tempo, le condizioni geografiche, ambientali e familiari in cui dare vita alla sua nuova reincarnazione e sarà attirata come un magnete a ripercorrere alcune esperienze, secondo quella traccia che rappresenta la tematica costante del suo Kharma.

Per far questo, vorrà rientrare in contatto anche con altre anime che ha già incontrato in altre esistenze e che hanno condiviso con lei questa problematica ricorrente, perché solo se si ripresenterà l'opportunità di cimentarsi in quello specifico territorio karmico, l'anima potrà rielaborare ciò che è stato lasciato in sospeso, ciò che è stato mal utilizzato o addirittura sprecato, ciò che si è interrotto perché non compreso e tutto quello che continua a rallentare il suo percorso ascensionale.

---

[48] G. Zukav, Una sedia per l'anima, Corbaccio Edizioni, Milano 1989, pag. 32

Scrive Herman Huarache Mamani, nel suo "Negli occhi dello sciamano": "Che cosa è dunque il destino? Mi ero posto questa domanda ed avevo cercato di rispondermi dicedo che è un'eredità, frutto di nascite antiche, di successive reincarnazioni. Lo Spirito è come un diamante allo stato grezzo che, durante ogni reincarnazione, cerca di lucidarne una faccia. Dopo numerose reincarnazioni, nelle quali con un intenso ed affannoso lavoro avrà ripulito le molte sfaccettature, si trasformerà in un gioiello prezioso". [49]

Se volessimo quindi seguire anche quest'ipotesi, potremmo dire che i *Losties* avevano a disposizione più "vite" da utilizzare per compiere se stessi e nel miglior dei modi, anche se in un tempo prefissato, che non poteva essere cambiato. In ogni vita, in situazioni diverse ma con la stessa tematica da risolvere, l'esperienza e il modo di risolverla saranno condizionati dalla specificità del momento che i personaggi stanno vivendo, in cui potranno "andare avanti" ed evolvere spiritualmente, oppure tornare "indietro", rinascendo in una condizione inferiore, in cui sarà possibile fare esperienza di ciò che permetterà un nuovo avanzamento. In quest'ottica, anche gli animali assumerebbero in LOST un significato particolare: il golden retriever di Locke, il cavallo di Kate, il cinghiale e la rana di Sawyer, il gatto Nadia di Sayid e il topolino Eloise di Daniel Faraday, ma su tutti il cane Vincent che sembra essere sempre presente quando si profilano cambi di scena, potrebbero essere inquadrati in quest'ottica evolutiva. Ma, al di là del voler ricondurre o rintracciare rimandi alla *Legge della Samsara*, possiamo dire che LOST invita alla "non dimenticanza" di certe esperienze, per poter ricavare gli insegnamenti utili per la propria emancipazione.

Scrive Giampiero Ciappina nel suo "Manuale di Cinematerapia": "I segnali del Sé vanno ascoltati e pazientemente decodificati. Come in un tessuto multidimensionale, essi comporranno la storia del nostro Passato, Presente e Futuro. La conoscenza implica anche la decisione di mettere gradualmente da parte la Rimozione: quel meccanismo che protegge il nostro Io dalla sofferenza contenuta nei ricordi. Sono molti quelli che – ritenendo insopportabile questa sofferenza – mantengono serrate le porte del passato, illudendosi così che esso non possa accadere al presente. Esso però irrompe continuamente tra le barricate e cerca di attrarre l'attenzione, di essere visto, elaborato, compreso". [50]

---

[49] H. H. Mamani, Negli occhi dello sciamano, PIEMME Edizioni, Milano 2007, pag. 281
[50] G. Ciappina - P. Caprini, Manuale di Cinematerapia, Istituto Solaris, Roma 2007, pag. 149

DANIEL FARADAY

"Noi possiamo cambiare il nostro destino"

Daniel Faraday, il fisico di LOST, interpretato dall'attore Jeremy Davies ed il cui nome ricorda quello del fisico e chimico inglese Michael Faraday (1791-1867) è stato introdotto nella Serie solo in IVª Stagione.

Nel V/1 "Because you left" ("L'assenza e il vuoto") e poi nel V/14 "The Variable" ("Costanti e Variabili"), Faraday farà delle affermazioni molto interessanti che potrebbero ben avvicinarsi al concetto di "Reincarnazione".

Il personaggio ha un ruolo molto particolare nella Serie perché, nonostante sia un fisico geniale e brillante per gli studi che conduce, dalla IV[a] Stagione in poi assumerà un ruolo anche metafisico, sia quando tenterà di illuminare Desmond sui viaggi nel tempo che lui definisce "viaggi di coscienza", sia quando cercherà di fare da guida a quanti sono rimasti sull'Isola e che gli si affideranno per ritornare al momento in cui è avvenuto il primo imbarco sull' "815" ed evitare così tutte le conseguenze terribili che si erano verificate sull'Isola dopo il disastro.

Nei vari sfasamenti temporali che lo porteranno assieme ad altri a spostarsi nel tempo, Daniel verrà ucciso dalla propria madre, una giovane Mrs. Hawking che abbiamo spesso visto scambiare con Desmond Hume, fin dal momento in cui gli aveva profetizzato la fine del suo amore con Penny, per compiere la sua vera vocazione e cioè "salvare il mondo".

Nell'episodio V/14, ma soprattutto nella scena "Stones and Boulders" ("Pietre e Massi") delle così dette "Delete scenes" ("Scene cancellate"), inserite nel cofanetto della V[a], Faraday si esprime così: "Ho studiato tutta la vita la fisica della relatività. Ho passato anni ad esaminare equazioni e viene sempre fuori la stessa cosa, una semplice regola: il passato non si cambia, ciò che è successo, è successo".

Ma poi ci mette a parte anche di altre conclusioni e lo fa con un'allegoria: "Un torrente passa sopra ogni sasso che ci si tira dentro, il sasso rappresenta un cambiamento, un piccolo cambiamento. Il torrente è il tempo. Per tre anni ho studiato e ristudiato, finché mi sono reso conto che, mentre mi concentravo sulle costanti, contemporaneamente mi dimenticavo delle variabili e le variabili siamo noi, le persone: noi pensiamo, ragioniamo, facciamo delle scelte, abbiamo il libero arbitrio; noi possiamo cambiare il nostro destino: se accettiamo di non poter cambiare il passato, allora non ci proviamo nemmeno, ma se decidiamo e se crediamo di poterlo cambiare, allora non usiamo sassi, usiamo massi. Se getti in un torrente un masso, crei una diga e allora quel torrente cambierà il suo corso".

In questo ragionamento del fisico di LOST può essere racchiuso l'intero pensiero metafisico che mi è sembrato espresso in questa Serie televisiva: si può cambiare il passato non certo per ciò che è successo, "quel che è stato, è stato", ma lo si può cambiare nella modalità di rispondere alla vita, ad esperienze simili che si ripetono ciclicamente e che chiedono un diverso modo di essere affrontate. Abbandonando alcune rigidità mentali che lo portano a reagire sempre allo stesso modo, l'uomo cambierà anche la realtà esterna, che non potrà che riflettere il cambiamento interiore.

Questo cambiamento sarà quindi un miglioramento, perché permetterà all'individuo di compiere un gradino in avanti nella conoscenza di sé e quindi evitare di regredire a stati anteriori ed inferiori di coscienza.

Ricordiamo che nel IV/5 "The constant" ("La costante"), rivolgendosi a Desmond, Faraday dirà: "Ogni volta che la tua coscienza viaggia, sarà difficile tornare indietro", che potrebbe essere interpretato come il simbolo dell'ampliamento di consapevolezza che si raggiunge quando si comprende qualcosa di più su se stessi, sull'interezza – nel bene e nel male – della propria natura. E' come un'illuminazione, un fulmine a ciel sereno, da allora in avanti, niente sarà più come prima: ciò che è stato visto è stato visto e non sarà più possibile tornare allo stadio di coscienza precedente, o alle soluzioni che questo stadio proponeva.

Ma perché avvenga il miglioramento, servirà anche un "grande" cambiamento, non basterà "tirare un sasso" nel torrente, perché solo se il sasso è sufficientemente grande potrà creare quella deviazione tale da permettere al torrente di creare una strada diversa e quindi, abbandonando la metafora, una nuova opportunità di vita.

*"Il viaggio verso la scoperta
non consiste nella ricerca di nuovi paesaggi,
ma nell'avere nuovi occhi".
M. Proust*

L'archetipo del cambiamento è un bisogno specifico della psiche che si attiva in tutti quei momenti in cui l'individuo vuole aprirsi a nuove esperienze, che possano ampliare la conoscenza di sé.

Spesso, la manifestazione dell'archetipo è preceduta da un periodo di latenza, in cui la persona si sente minacciata nella sua libertà, o avverte sensazioni di insoddisfazione e profonda inquietudine nel portare avanti le sue scelte.

L'impressione è che ci sia qualcosa all'esterno che impedisce questo ampliamento, nel campo del lavoro o degli affetti o in quello relazionale; in realtà, il bisogno di cambiamento è interno, soprattutto quando la struttura della personalità sta diventando rigida ed impedisce all'individuo di aprirsi alle parti sconosciute del suo mondo interiore.

L'archetipo si attiva anche perché qualcosa dell'essenza primaria è andato perduto. Infatti, via via che si va avanti nella vita, che si fanno esperienze piacevoli e gioiose, oppure difficili e dolorose, l'essenza originaria può cambiare e assumere caratteristiche nuove, fino a diventare completamente diversa da ciò che era all'inizio. Come già espresso nel mito di Procuste, l'individuo può sentirsi costretto ad amputare alcune parti di sé perché non accettate dal giudizio collettivo, che inizierà ad esprimersi già nell'infanzia attraverso le imposizioni genitoriali e poi via via nell'adolescenza e nella maturità, attraverso coloro con cui lui entrerà in contatto a livello profondo e che lo metteranno di fronte all'esigenza di disfarsi di ciò che non è apprezzato della sua individualità, che viene mal giudicato e che gli toglie consenso. La perdita di queste parti originarie va spesso di pari passo con la perdita di quanto di più spontaneo ed autentico c'era nel suo profondo, quanto lo rispecchiava nell'essenza fondante della sua personalità. Contemporaneamente, mentre si perde spontaneità e il contatto col centro interiore, si aggiunge molta sovrastruttura, spesso nuove interpretazioni e convinzioni per proteggere l'Io dall'incontro con le parti negate; si arriva ad un punto che c'è più sovrastruttura che struttura, la verità sembra perduta, la propria natura, snaturata, il divario con l'essenza originaria si fa gigantesco e quindi gigantesco è il divario tra ciò che si pensa di essere e ciò che si è, ma anche tra ciò che si sarebbe potuto diventare, se si fosse rimasti fedeli a se stessi, all'essenza della propria natura.

Lo spiega bene Gianrico Carofiglio nel suo "Il silenzio dell'onda": "Il mio lavoro era essere un altro. E non è affatto male essere un altro, di tanto in tanto: fa sentire liberi. Il problema sorge quando devi essere un altro per la maggior parte del tuo tempo. Il problema sorge quando devi essere un altro per sentirti te stesso. E quando non sei un altro, sai di essere fuori posto". [51]

---

[51] G. Carofiglio, Il silenzio dell'onda, Rizzoli Editore, Milano 2011

Per fortuna, nella psiche profonda, nella parte più sapiente di noi, che non è collegata soltanto alla conoscenza delle cose o all'intelligenza della mente, c'è una forza arcaica ed innata che ci spinge verso la verità, ci spinge verso l'individuazione, per farci esprimere quanto di nuovo possiamo cogliere nel percorso di vita, ma anche quanto di antico, creativo ed essenziale c'era della natura originaria, che è andato perduto.

Forse è per questo che i monaci Zen, quando prendono in considerazione nella filosofia dei loro giardini soltanto pietra, sabbia e piccole piante, parlano di "scorticare la natura", simboleggiando la necessità di ritrovare l'essenziale, di puntare al cuore delle cose, perché solo così l'individuo potrà essere certo di non tradire se stesso e quanto di valido e vero della propria natura è stato barattato per valori che non lo rispecchiano.

E' questo il motivo per cui il riappropriarsi di questa consapevolezza porta spesso una crisi, un momento di dubbio, di messa in discussione di ciò in cui l'individuo ha creduto e per cui si è battuto per molto tempo, i suoi valori, le sue certezze, le sue sicurezze e quanto ha rappresentato per molto tempo il fondamento delle scelte che hanno strutturato la sua vita.

Scrive Murray Stein, filosofo neojunghiano in "Il principio d'individuazione": "Talvolta, la storia dell'individuazione inizia con un Big Bang, una perdita, un improvviso e drammatico ingresso in uno stato di disorientamento e di confusione. E' un momento che segna l'inizio del viaggio nella liminalità, ma anche verso la trasformazione".[52]

E' quindi proprio l'entrare in crisi che permette che si crei come uno squarcio nella coscienza, perché ci si addentri in un'analisi spassionata di ciò che non è stato mai vissuto perché mal giudicato, o non in linea con il pensiero collettivo, oppure di ciò che è stato giudicato importante senza che lo fosse realmente, perché incapace di assicurare quella soddisfazione, quel significato e quel piacere, che dovrebbero far seguito al raggiungimento di un obiettivo.

Se poi si va all'etimologia del termine "crisi", si ricava che è di origine greca, usato nella filosofia ippocratica per indicare il passaggio da una situazione di malattia ad uno stadio di cambiamento, dopo il quale cambia anche il decorso della malattia. Ciò significa che la crisi è il presupposto della liberazione, del riappropriarsi della propria vita, grazie ad una nuova e più matura autenticità.

---

[52] M. Stein, Il principio d'individuazione, Moretti & Vitali, 2010, pag. 71

Se infatti da una parte la negazione del bisogno di cambiamento può rassicurare molto l'individuo, dandogli l'illusione di avere delle certezze che esorcizzano la precarietà della vita, nello stesso tempo taglia fuori tutte quelle opportunità legate all'esperienza e all'interpretazione individuale che ne può dare di volta in volta la coscienza e quindi chiude ad una miriade di inedite possibilità, che potrebbero invece rivelarsi innovative e risolutive per migliorare la propria vita. E' per questo che per gli orientali il termine "crisi" significa non solo "cambiamento" ma soprattutto "opportunità", perché avvia una svolta, permettendo all'individuo di penetrare l'esperienza che sta vivendo e rinnovarsi, di esprimersi in pienezza e soprattutto in libertà e contemporaneamente aprirsi a lati creativi di sé, che non immaginava minimamente di avere.

La coppia coreana che incontriamo in LOST, Jin-Soo Kwon e Sun-Hwa Paik, interpretati rispettivamente dagli attori Daniel Dae Kim e Yunjin Kim, può essere riassuntiva di quanto sia importante operare su di sé dei cambiamenti per far sì che la personalità diventi più ampia e soprattutto consapevole dei suoi molti potenziali, ma anche per riappropriarsi di quanto della propria natura è andato perduto. Mentre Sun è più propensa ad interpretare la vita in maniera innovativa e positiva, così come ci mostra il suo affrontare di volta in volta le esperienze dell'Isola con uno spirito di partecipazione e collaborazione con il gruppo che si è formato, Jin è resistente ad ogni novità che possa mettere a rischio le sue certezze, le sue convinzioni più radicate, a tal punto da rimproverare spesso la moglie per i suoi atteggiamenti di apertura e vicinanza agli altri. Jin diffida di loro e spinge Sun ad isolarsi, a non avere alcun contatto con il resto del gruppo, che giudica ostile nei loro confronti.

Ma già nei primi episodi della Iᵃ Stagione, I/6 "House of the Rising Sun" ("La casa del Sol Levante") e I/17 "In Translation" ("Cambiamenti"), scopriremo presto che l'essenza primaria di Jin è tutt'altro, scopriremo gradualmente i suoi sentimenti originari, la sua dolcezza di fondo che si rivela autentica e spontanea non solo dopo l'incontro con Sun e lo sbocciare dell'amore per lei, ma anche nel II/5 "And Found" ("Oggetti smarriti"), dove, durante il suo lavoro presso il *Seoul Gateway Hotel*, Jin si rifiuterà di eseguire alcuni ordini disumani del Direttore dell'Hotel nei confronti di un bambino, fino al punto di dare le dimissioni.

"In Translation" è l'episodio più calzante per apprezzare il graduale cambiamento di Jin, dovuto soprattutto all'incontro con il padre di Sun, un uomo di grande potere che si servirà di lui per affidargli i compiti più duri e soprattutto scorretti. Il padre di Sun è un'altra figura di padre Cronos tra le molte che abbiamo incontrato in LOST. Molto severo con la figlia, facendo leva sul bisogno di riscatto dalle sue origini che coglierà in Jin, porterà gradualmente i due innamorati ad una rottura.

"Lui non è stato sempre così, c'è stato un tempo in cui era gentile, poi è cambiato" dirà Sun nel I/6 House of the Rising Sun" ("La casa del Sol Levante"), mettendo l'accento su un cambiamento in peggio di un'essenza sostanzialmente buona e compassionevole, in cui lei non smetterà di credere nel suo profondo, nonostante gli atteggiamenti duri di Jin, che arriverà ad essere con lei sgarbato e violento.

Eppure, il cambiamento di Jin sarà sempre sostenuto dalla fiducia di Sun, così come la presa di coscienza di quasi tutti i personaggi maschili di LOST è spesso incoraggiata dalle donne di cui sono innamorati, come a dire che il *Logos* maschile, per dare il meglio di sé, dovrà incontrarsi con l'*Eros* femminile per aprire la coscienza a dimensioni più ampie e non soltanto confinate negli aridi territori della mente e della ragione. La convinzione di Jin che il trovare un lavoro che gli permetta di non essere più considerato "il figlio di un pescatore", sia la prima cosa importante da realizzare nella sua vita, verrà gradualmente smontata proprio dopo l'incontro con Sun, che attraverso l'amore e l'apertura ad emozioni e percezioni più sottili, renderà la personalità di Jin più ampia e soprattutto in grado di recuperare in se stesso ciò che era già dentro di lui e che rischiava di andare perduto.

Abbandonato dalla madre ed allevato dal padre pescatore, senza che questi avesse la certezza che fosse suo figlio, Jin recupererà proprio dall'insegnamento paterno l'importanza dei veri valori della vita, aprendosi ad un modo diverso e contemporaneamente antico di interpretare se stesso. Bellissima ed intensa la figura del padre di Jin, che assieme al padre di Hugo, dimostra quell'umanità e quella sapienza interiore che non abbiamo trovato negli altri padri della Serie e che ci viene illustrata in tutta la sua bellezza nel III/18 "D.O.C." ("Data del Concepimento").

Quest'eredità positiva paterna uscirà gradualmente sull'Isola, sia quando Jin si prodigherà lungo le varie Stagioni nei confronti degl'altri per dare una mano nei momenti di difficoltà, sia quando nel VI/14 "The candidate" ("Il candidato"), si lascerà morire insieme a Sun pur di non perderla, con un gesto che ripeterà il sacrificio di Charlie e di Juliet, perché permetterà agli altri di potersi salvare.

Il passato, il presente ed il futuro trattati in questo modo in LOST si colorano di un significato profondo, se guardati come un percorso *in progress* in cui – data una tematica fissa – l'individuo può approfondire la conoscenza di se stesso, di quello che era, di quello che è diventato e di ciò che vorrà diventare, senza rinunciare a ciò che deve rimanere la costante della sua personalità, un lato fondante ed imprescindibile della sua struttura, una "pietra" su cui ancorare le vere certezze, i suoi principi di fondo, senza che gli eventi esterni, positivi o negativi della vita, possano scalfirla.

Per ritrovare stabilità, ma dare anche significato e un senso profondo alla propria vita, così come nel IV/5 "The constant" Desmond ritrova il senso di sé telefonando a Penny, si potrà anche affrontare tutto ciò che risulta oscuro e difficile, confuso ed inspiegabile, proprio perché non si sarà perso il contatto profondo con la propria natura essenziale, con la propria specificità.

Penso sia questa "La Costante" di cui si parla in LOST.

Tutti i personaggi, chi più chi meno, avranno una tematica ricorrente da risolvere, degli opposti da bilanciare; potrà trattarsi del bisogno di mettere insieme il volere col dovere, il coraggio con la paura, il controllo con la flessibilità, il senso di responsabilità con la fuga e, per evolvere questo conflitto, saranno obbligati a ricordare, proprio così come capita a Desmond nel citato episodio.

La tematica del ricordo assume così una valenza particolare in LOST, legata a doppio filo con il "tornare indietro" che ad un certo punto s'imporrà ai Nostri. Non si tratta di tornare indietro ai vecchi atteggiamenti che avevano dato sicurezza, né ad esperienze e figure lontane che erano rimaste positive nella memoria, quanto cercare di ricordare ciò che si era stanziato alle origini della storia personale, se c'era stata una "ferita" emotiva che poi aveva condizionato tutte le scelte e di conseguenza anche la qualità della propria vita. E' in quel periodo così antico che sono stati gettati i primi "mattoni" psicologici di quella che sarebbe poi diventata la struttura mentale individuale, con le sue convinzioni ed i successivi atteggiamenti, la base sostanziale della personalità, assimilabile al *Lapis*, la Pietra filosofale degli alchimisti.

Così come per la Legge della Reincarnazione, anche in LOST il tempo assume un valore ciclico, per cui è fondamentale "il presente" di quel momento specifico che i dispersi stanno vivendo; quel presente li vedrà fare delle scelte e prendere decisioni individuali conseguenti allo specifico momento temporale, scelte che potranno essere ribaltate in un momento diverso, perché diverse saranno la consapevolezza e le esperienze della vita. Ciò che sembra essere sottolineato è il senso di responsabilità personale, il valore etico delle scelte, la buona volontà della persona e la sua capacità di crescere ed "andare avanti".

Un esempio molto calzante di questo concetto può essere stato illustrato nel V/11 "Whatever happened, happened" ("Quel che è stato è stato") in cui Jack, prende una decisione che sconfessa totalmente il suo carattere di fondo, la sua abnegazione e generosità nel mettersi al servizio degli altri, anche nei confronti di chi gli era nemico; infatti, aveva salvato Ben dal tumore, nonostante fosse il suo carceriere, ma soprattutto aveva curato Sawyer, suo rivale in amore. Quando sarà il momento, in un altro passaggio temporale di salvare un Ben bambino, assistendolo e mettendo a disposizione le sue competenze mediche e l'esperienza di cui è ricco, Jack si rifiuterà di farlo, non considerando che si tratta di un bambino.

Forse l'Isola lo stava proprio sfidando per testare la sua abnegazione alla missione di dottore, la sua essenza profonda e basilare e per fare questo gli stava mettendo davanti l'odiato Ben, per vedere quanto lui sarebbe stato capace d'essere fedele a se stesso, preservando la vita al di là di qualsiasi valutazione razionale, rancore o risentimento personale. Ma, in quel caso, in quel momento temporale, Jack ha tradito se stesso e l'essenza fondante della personalità, quello che era e doveva rimanere il suo credo interiore, la sua "costante".

Si può citare a questo proposito ciò che dissero gli Autori nelle varie interviste rilasciate durante le sei Stagioni: "LOST è una storia di redenzione, in cui ognuno può migliorare se stesso; se sei un torturatore, l'isola ti presenterà una situazione simile e tu potrai decidere se continuare ad esserlo oppure no". Un concetto espresso ancora una volta con un'allegoria dalle parole di Daniel Faraday, nel V/1, "Because you left" ("L'assenza e il vuoto"): "Il tempo è come una strada: possiamo muoverci in avanti lungo quella strada, possiamo muoverci indietro, ma non potremo mai creare una nuova strada", come a dire che se "la costante" impone una traccia da seguire, degli estremi da bilanciare, non sarà possibile derogare da quella traccia, da quel destino, ma si potrà cercare di migliorarne lo svolgimento e soprattutto il risultato finale.

La tematica "destino/libero arbitrio" così presente in LOST potrebbe a questo punto essere risolta proprio facendo coincidere il destino che si snoda per ognuno dei *Losties* con la personale volontà racchiusa nel loro cuore di ritrovare se stessi, di ritrovarsi dopo essersi persi e quindi individuarsi come persone integre e complete. Un pensiero che si rintraccia anche nell'espressione del poeta tedesco Novalis (1772-1801): "Destino ed anima sono la stessa cosa".

Scrive Claudio Widmann, psicanalista junghiano nel suo "Sul destino": "L'archetipo del destino è archetipo dell'individualità e la pulsione del destino è la pulsione dell'individuazione [...]. Si potrebbe altrimenti dire che ci segue per attraversare la vita; è il cammino grazie al quale l'individuo attualizza ciò che è fin dall'inizio. Una pulsione essenziale ed elementare che spinge ogni persona a diventare se stessa, a tradurre in atto la pura potenzialità del suo nucleo originario". [53]

La molla evolutiva per operare quel cambiamento che sia utile e necessario a rimpossessarsi della propria specificità, che sia in grado di far aprire l'individuo a nuove esperienze, senza per questo dover fare "terra bruciata" di tutto ciò che di valido ed importante ha costruito nella sua vita, potremmo trovarla ancora una volta nel mito della creazione, riportatoci da Esiodo, in cui – dopo la castrazione da parte di Cronos del padre Urano – dai genitali caduti in mare si sarebbe prodotta una schiuma, dalla quale sarebbe nata Afrodite, la dea dell'amore e della bellezza. La riconquista delle proprie parti negate ed abbandonate lungo la via potrebbe quindi essere facilitata da un moto d'amore, che deve iniziare innanzitutto da se stessi, accettando tutto di sé, comprese quelle parti negate che vanno accolte, curate e migliorate.

Scrive lo psicologo clinico Giampiero Ciappina nel suo "Manuale di Cinematerapia": "Per secoli una cultura miope e colpevolista l'ha identificato con l'egoismo, col risultato che molti non hanno neppure una vaga idea di cosa sia veramente l'Amore per se stessi. [...] Spesso si tratta di reimparare ad amarsi, cominciando dagli aspetti essenziali, dai più semplici. L'Amore per sè si esercita quando l'individuo comincia a riconoscere e rispettare i propri bisogni e i propri progetti, comincia a riconoscere e rispettare la propria identità autentica, cominciano a cadere tante maschere di falsa identità e tanti falsi comportamenti che hanno avuto solo funzioni difensive; s'innesca a questo punto un nuovo processo, una sorta di circolo virtuoso che lentamente, ma progressivamente, eleva l'energia complessiva della persona". [54]

---

[53] C. Widman, Sul destino, Magi, Roma 2006, pag. 137
[54] G. Ciappina, P. Caprini, Manuale di Cinematerapia, Utilizzare il cinema come strumento di sviluppo personale, Edizioni Istituto Solaris, Roma 2007, pag 151

Ecco perché in LOST, ogni atto d'amore viene premiato, ogni atto d'abnegazione dell'uno verso l'altro permette quello scatto in avanti che troverà la sua sintesi perfetta nell'episodio finale. L'amore che si respira in LOST segna il passaggio da *Eros* ad *Agape* perché permette ad ognuno dei personaggi di "riconsegnarsi a se stesso", di riconnettersi con la propria parte immortale, la propria scintilla divina e quindi col miracolo della vita.

L'episodio VI/14 "The candidate" ("Il candidato") è uno degli episodi più struggenti di LOST, un episodio dove si respira "amore", nonostante la drammaticità del momento che Jin e Sun stanno attraversando. E' durante la sua narrazione che si ha la percezione esatta del grande cammino evolutivo che ha compiuto la coppia fino alla morte, che li vede comunque vicini ed uniti ed è in quest'episodio che si avverte fortissimo il sentimento d'amore che lega i Nostri gli uni agli altri.

Subito dopo lo scoppio del sottomarino infatti, non uno di loro penserà a sé, non uno di loro farà un solo gesto che non contempli innanzitutto l'aiuto all'altro, tutti insieme e tutti uniti per fronteggiare l'ennesima catastrofe, che si risolverà ancora una volta con un sacrificio, perché sembra che questo chieda l'Isola, a tappe fisse e senza alcuna giustificazione.

"Se non ci vedremo in questa, sarà nella prossima vita"

Sayid Hassan Jarrah, impersonato dall'autore Naveen Andrews, è uno dei 48 sopravvissuti della sezione centrale dell' "815"; è iracheno e la sua infanzia, svelataci solo nel V/10 "He's our you" ("Lui è il nostro te"), sarà la base di partenza di un cammino spirituale che lo porterà gradualmente a rinunciare a certi suoi modi di fare collerici ed aggressivi, per ritrovare la radice fondante della sua natura, la sua "costante", legata alle sue doti d'umanità, perdono e compassione che, dopo aver provato per se stesso, riuscirà a provare per i compagni sull'Isola.

E' significativo che alcuni dei personaggi "chiave" della storia, primo fra tutti Desmond e poi Charlie, Hugo ed infine Sayid, siano religiosi.

Abbiamo visto Charlie farsi il segno della croce nel momento del sacrificio finale, così come lo abbiamo visto fare a Desmond, nell'attimo di "girare la chiave" ed in altri momenti critici della storia.

Per riparare il furgoncino Dharma, simbolo della volontà di credere ancora nella vita, abbiamo visto Hugo pregare, così come Sayid, nei momenti conflittuali, si raccoglie in se stesso e prega.

In quest'atto di affidamento a qualcosa posto fuori del proprio controllo, c'è qualcosa di mistico ed altamente spirituale, un senso del sacro che non ha nulla di superstizioso, proprio perché il bisogno di chiedere aiuto che hanno dimostrato alcuni personaggi nei momenti più difficili, colora i loro gesti di grande umanità.

L'ARCHETIPO DEL GUERRIERO

Tra gli archetipi junghiani, quello del "Guerriero" è certamente uno dei più importanti, perché strettamente connesso con la radice maschile della personalità.

L'archetipo mette l'accento sulla forza fisica ed interiore, sulla capacità di attuare strategie d'attacco e di difesa per districarsi nell'esperienza di vita e sulla possibilità di conquistare e raggiungere le mete prefissate.

E' l'archetipo principale collegato alla *libido*, l'energia che si sviluppa all'interno della psiche in quei momenti in cui l'azione deve risolvere il momento esperenziale che si sta vivendo, nonché le emozioni che si stanno provando. Per questo motivo, l'archetipo è quello che appare in continuo movimento, perché strettamente dipendente alle fasi della vita, che lo vedono balzare in primo piano nel periodo adolescenziale, per poi definirsi sempre di più col passare del tempo, grazie alle esperienze e alle scelte che la vita chiede di fare.

Se disciplinato e riconosciuto nel suo lato indifferenziato che induce all'aggressività, perfino alla brutalità nei casi più estremi, l'archetipo evolverà verso nuovi modi d'espressione, che - a seconda dell'indole della persona – s'inaspriranno elevando il grado di aggressività nell'individuo impulsivo e passionale, oppure verranno sublimati verso manifestazioni superiori, perché superiori saranno le mete che si porrà la mente.

LOST è un prodotto per "animi guerrieri". Durante le sei Stagioni, abbiamo visto scene in cui la violenza e la brutalità si facevano protagoniste; abbiamo visto i personaggi maschili usare la forza fisica, senza risparmiarsi per difendersi dai nemici; su tutti, penso che il "guerriero" per eccellenza sia Sayid Jarrah, il cui percorso redentivo può essere preso ad esempio di come la consapevolezza individuale e il rispondere a se stessi e alle basi della

163

propria specificità, possano davvero essere la via per migliorare se stessi, le proprie relazioni, il proprio futuro.

Partendo da un background familiare decisamente sfavorevole, cresciuto da un padre che aveva istillato nel suo cuore il culto della violenza, della competizione e della sfida da perseguire senza curarsi dei mezzi con cui combattere, provato anche negli affetti perché aveva amato con tutto se stesso e poi perduto le uniche due donne che gli avevano dato fiducia ed amore, Sayid è riuscito una volta sull'Isola a far evolvere due dinamiche psicologiche ben precise che avevano caratterizzato la sua esistenza: quella di essere diventato un "torturatore" durante la Guerra del Golfo perché portato dagli alleati a provare odio nei confronti di chi gli aveva distrutto la famiglia e che doveva essere smascherato con ogni mezzo, e quella di perdere le donne di cui era innamorato: il suo grande e primo amore Noor Abed Jazeen, detta Nadia, la moglie del fratello che lui libererà dalla prigionia durante la guerra e che verrà poi uccisa nell'ultimo episodio della V^a Stagione, nonché Shannon Rutherford, anche lei precipitata sull'Isola e poi uccisa incidentalmente nella foresta, proprio dopo aver trovato in Sayid lo scopo della sua rinascita.

Un destino sicuramente impietoso che vedrà Sayid lottare con coraggio e determinazione contro una serie di eventi inesorabili, che lui gradualmente arriverà a dominare, proprio perché lentamente e con grande sofferenza riuscirà a dominare la sua indole guerriera, a riappropriarsi della sua natura di fondo, migliorando quegli aspetti di sé che andavano modificati, per non rischiare la perdita della sua umanità. L'archetipo infatti, più che a sconfiggere nemici esterni, prodotti spesso dalla proiezione inconscia delle paure personali, aiuta ad affrontare l'Ego e a padroneggiarne la carica negativa delle emozioni. Non a caso, il nome Sayid in arabo significa "padrone", quasi a simboleggiare questo graduale controllo sulla sua complessa natura emotiva, che lui svilupperà sull'Isola dominando i suoi tumulti interiori e soprattutto modificando la modalità di interfacciarsi con gli altri, con chi lo sfida o lo mette alla prova.

Scrive Gianrico Carofiglio nel suo "Ad occhi chiusi": "Ovviamente bisogna intendersi su cosa significhi cedevolezza. Significa resistere fino ad un certo punto, e poi sapere esattamente in quale momento cedere e sviare la forza dell'avversario, che alla fine si ritorce contro di lui. Il segreto dovrebbe essere nel saper trovare il punto di equilibrio fra resistenza e cedevolezza; cedevolezza e resistenza; debolezza e forza. Il principio della vittoria dovrebbe essere tutto qui". [55]

E' per questo che in Sayid vibra anche l'archetipo "Poseidone", che spinge l'individuo a fare della vittoria sull'altro il suo maggiore imperativo e a meditare lunghi propositi di vendetta verso chi l'ha ferito ed oltraggiato; ricordiamo infatti che questo aveva fatto Poseidone nei confronti di Ulisse, impedendogli il ritorno a casa per oltre vent'anni, per vendicare l'accecamento da parte di Ulisse del figlio Polifemo.

Fin da subito Sayid entrerà in contatto rudemente con James Ford, che lo accuserà senza mezze parole di aver provocato con un atto di terrorismo lo schianto dell' "815" e getterà su di lui un'ombra, che si insinuerà come un sospetto in tutti i sopravvissuti.

Il primo, violento impulso di reazione nei confronti di James, che non è altro che il rimettere pedissequamente in scena dinamiche paterne d'invito alla violenza come unico schema di difesa, sarà quello non solo di negare con forza un gesto che non aveva compiuto, ma allo stesso tempo di vendicarsi delle accuse ingiuste non appena ne avrà l'occasione, non appena sarà James stesso ad essere incolpato dal gruppo per un'azione che getterà su di lui un'ombra di sospetto. Sayid, con la compiacenza di Jack, torturerà James senza pietà, causandogli una gravissima ferita, che soltanto l'abilità medica di Jack saprà guarire.

L'episodio però non lascerà indifferente la natura fondamentalmente buona di Sayid che, al colmo del senso di colpa che proverà nell'attimo in cui si renderà conto dell'innocenza di James, nell'attimo in cui avrà davanti agli occhi la sua brutalità che lo inonderà di vergogna e di sgomento, abbandonerà il campo dei sopravvissuti in cerca d'espiazione ed inizierà un lungo viaggio introspettivo che lo porterà a riflettere sul senso etico delle sue azioni e su quanto c'era da modificare e migliorare dei suoi atteggiamenti.

Riscoprendo dentro di sé dei barlumi di solidarietà e spirito di sacrificio per amore dei nuovi amici, compreso James, l'altro "Guerriero" di LOST, col quale inizierà un rapporto di fiducia e di cooperazione, ma soprattutto dopo essersi innamorato di Shannon, che gli permetterà di poter credere ancora nell'amore e ad avere fiducia in se stesso e nella vita, Sayid modificherà uno schema mentale infantile masochistico ed automatico, che non lo rappresentava nella sua totalità, ma era solo il frutto di schemi infantili automatici messi in atto per difesa.

---

[55] G. Carofiglio, Ad occhi chiusi, Sellerio Editore, Palermo 2003, pag. 142

Nel III/11 "Enter 77" ("Digitare 77"), lo spettatore riesce immediatamente a comprendere lo sforzo redentivo di Sayid che, davanti alla donna che lui aveva torturato durante la guerra, sconvolto dal terribile resoconto che lei gli farà di come lui l'aveva straziata, confesserà l'orrore compiuto e, nel colmo della disperazione, saprà fare ciò che è difficilissimo per l'uomo "Guerriero": chiederà scusa.

Sarà così che, durante il corso delle Stagioni, la sua natura che affondava le radici nella violenza, coltivata più per compiacere un genitore che per inclinazione naturale, si trasformerà gradualmente in un carattere dolcissimo e disponibile, il più dolce a mio avviso tra tutti i personaggi maschili di LOST, forse simbolicamente espresso dal significato del suo stesso cognome: Jarrah, "vasetto per il miele".

Bellissimo il colloquio che si svolge tra lui ed Hugo Reyes in VI/15 "The end" ("La fine"):

- Hugo: "mi fido di te"
- Sayid: "e cosa avrei fatto per meritarmi la tua fiducia?"
- Hugo: "Io credo che tu sia un uomo buono Sayid. So che molti ti hanno detto che non lo sei, forse te l'hanno detto così spesso che ci credi anche tu. Non sono gli altri che possono dirti chi sei, è una cosa che puoi decidere solo tu".

Si ritorna quindi al concetto che la responsabilità delle proprie azioni è personale e non supina al giudizio degli altri, sui quali è anche impossibile scaricare la colpa.

Ma si ritorna anche al concetto per cui, spesso, il riconoscimento di quello che si è nella propria totalità passa attraverso l'accettazione di quello che – nel bene e nel male – non si è.

Si può pensare così che Sayid, eroe fiero e romantico nello stesso tempo, abbia colto bene l'opportunità di redimere il "Guerriero" violento e spietato che aveva coltivato dentro sè, dominando e nobilitando l'archetipo e non facendosi più possedere da lui.

Chi abbia scelto questo modello psicologico in cui identificarsi può rintracciare l'essenza di sè non più nella sfida del combattimento come scelta a priori, né per un bisogno di vittoria che lo spinge anche ad essere scorretto nei confronti degli altri, ma nel comprendere attraverso la visione interna suggerita dal suo Spirito, quando valga la pena combattere e quando no; quando sia giusto lottare e quando ritrarsi dalla battaglia; ma soprattutto ha imparato ad essere diretto nelle azioni che non scaturiranno più da una reazione all'altro o da sterili strategie di difesa, né a produrre un effetto per gratificare l'Ego, ma dalla giusta comprensione dei suoi obiettivi, nonché dal convincimento di operare nel rispetto di ciò che gli suggeriscono non soltanto la testa e l'impulso, ma soprattutto lo Spirito ed il cuore.

Scrive C.S. Pearson in "Risvegliare l'eroe dentro di noi": "Per il Guerriero arrivato al grado più alto, la vera guerra è sempre contro i nemici interiori, l'accidia, il cinismo, la disperazione, l'irresponsabilità, il diniego. E' il coraggio di affrontare i draghi interiori quello che in ultima analisi ci permette di affrontare quelli esteriori con intelligenza, autodisciplina e saggezza. Il costo della lotta può essere altissimo, perché il mondo è spesso un posto duro. E' importante essere abbastanza duri non solo per resistere, ma anche per scegliersi le battaglie giuste. I Guerrieri maturi, specie quelli che si fidano delle proprie capacità, non devono combattere per ogni cosa, ma scelgono con cura le cause per cui farlo". [56]

E' questo il cambiamento in positivo delle doti di "Guerriero" che mi è sembrato di rintracciare nel bellissimo personaggio di Sayid Jarrah.

Anche in quei momenti in cui si è trovato a lottare contro le ingiustizie e le incomprensioni dell'Isola, soprattutto nella Stagione finale in cui ha guardato la morte negl'occhi per poi "resuscitare", perché non si era ancora compiuto il suo destino, in lui abbiamo potuto apprezzare la dignità ed il vero coraggio, che sono le qualità più belle dell'uomo che si compie.

Sarà così che, mettendo a disposizione del gruppo non solo le molte conoscenze acquisite durante l'esperienza di guerra, ma una nuova concezione di vita che gli farà sempre preferire la salvezza degli altri rispetto alla propria, Sayid arriverà al sacrificio finale, che lo vedremo compiere nell'ultima Stagione.

Lui che non riusciva più a dare senso alla sua esistenza, dopo essere stato separato dalla vita ed improvvisamente dalle donne che amava, si sacrificherà dopo l'esplosione del sottomarino per riunirsi a loro, così come ci è stato illustrato nel VI/14 "The candidate" ("Il candidato").

Ma quando sarà il tempo, Sayid non rincontrerà Nadia, ma si riunirà a Shannon, specchio compiuto della sua "Anima" di uomo.

---

[56] C.S. Pearson, Risvegliare l'eroe dentro di noi, Astrolabio Ubaldini, Roma 1992, pag. 119

E' con Shannon infatti che lui aveva imparato a dare un limite alle sue passioni e alla potenza dei suoi sentimenti, ritrovando anche ciò che poteva andare perduto della sua interezza, se non ci fosse stato quell'incontro: avrebbe perduto la sua umanità, la sua dolcezza, la sua onestà.

Shannon lo aveva gradualmente riportato a credere in se stesso, a recuperare quella parte ferita della sua natura e a guarirla attraverso l'amore. Con Shannon, lui aveva agito sempre con linearità e correttezza, a differenza di quando agiva senza scrupoli e con durezza pur di dimostrare a Nadia l'amore infinito che nutriva per lei.

E' forse in quest'episodio, dedicato alla morte di Sayid Jarrah, che appare chiaro in tutta la sua bellezza il destino dei nostri eroi, quello che era stato preparato in ogni particolare e dettaglio, fin dalla nascita, per la loro redenzione.

JACOB E IL FUMO NERO

*"Quando uno arriva qui,
il suo passato non conta più"*

La figura di Jacob, interpretato dall'attore Mark Pellegrino, è rimasta indecifrabile fin quando, in VI^a Stagione, tutto il mistero che avvolgeva il suo personaggio si è definito ed ha finalmente trovato un senso ed una motivazione.

Nelle prime Stagioni, Jacob verrà nominato come "Lui" o "Egli", senza che venga mai mostrato nulla della sua persona se non un "occhio", che compare all'interno della cascina in cui gli Autori collocano la sua presenza, prima dello spostamento dell'Isola a trent'anni prima.

E' stato comunque subito chiaro come fosse lui a direzionare ogni mossa degli "Altri", così come era riconducibile alla sua volontà a chi assegnare il posto di leader della comunità stessa, che lui affiderà in un primo momento a Benjamin Linus e, quando Ben cadrà in disgrazia, a Johnathan Locke.

I fan della Serie hanno fatto molte congetture su questo personaggio, attingendo direttamente dalla Bibbia, soprattutto per alcuni nomi inequivocabili che s'incontrano in LOST e che rievocano personaggi e fatti dell'Antico Testamento: Jacob/Giacobbe, Benjamin/Beniamino ed altri riferimenti puntuali che potrebbero fornire una qualche spiegazione mitica a questa misteriosa figura, a dimostrazione di come il mito possa avere delle costanti al suo interno che attingono direttamente a modelli universali, che

169

possano essere colti con immediatezza e semplicità, perché affondano le loro radici nell'alba dei tempi, nell'esperienza e nella comprensione della saggezza popolare.

Solo gradualmente la figura di Jacob diventerà sempre più definita, fino a quando si è compreso che il suo prendersi cura degli *Oceanic Six* andava di pari passo con l'antagonismo che c'era col fratello gemello, personificato da una colonna di fumo nero, contrapposto a Jacob nei propri intenti.

Definito "il mostro" lungo quattro Stagioni, abbiamo fatto la conoscenza di questo personaggio così particolare, interpretato dall'attore Titus Welliver, nell'ultimo episodio della V^a Stagione. E' lui che, assumendo diverse sembianze, ha gettato nel terrore i *Losties*, finchè non ha deciso di materializzarsi impossessandosi del corpo dell'ormai defunto Johnathan Locke, per interagire con gli *Oceanic Six* e forzarne le azioni. A questo personaggio senza nome, i fan hanno voluto dare nomi diversi come "Uomo in nero", "Esaù", "Anti Jacob" ecc.

E' per questo che la rivalità tra Jacob e Ben Linus, o quella tra Linus e John Locke, o tra Ben e Widmore, per arrivare a quella tra Jacob ed il fratello gemello che sta alla base dell'intera storia di LOST e che ha trovato un senso nella Stagione finale, mettono l'accento in particolar modo sulla tematica della "lotta tra i fratelli", che si contendono il primato e che permettono, proprio attraverso questa contesa, di consentire agli eventi quel "progresso" di cui è permeato il linguaggio metaforico della Serie, così come sintetizzato dalle parole di Jacob in "The incident" ("L'incidente").

Già abbiamo incontrato la tematica nel mito Maya di *Quetzalcoatl*, così come è presente nel Vecchio Testamento; a partire da Caino ed Abele, il primo mito che sta alla base della religione giudaico-cristiana, senza dimenticare la lotta tra Osiride e Seth nella religione egizia, la "lotta tra fratelli" appare come una costante del background di formazione di molti miti, a tal punto da indurre a pensare che tutta la stirpe umana sia stata generata ed abbia avuto seguito proprio da un atto di rivalità tra fratelli, così come è stato illustrato in LOST, nel VI/15 "Across the sea" ("Al di là del mare").

Nello scontro tra Jacob ed il fratello gemello infatti, potrebbe rivivere il mito biblico che vedeva Esaù e Giacobbe scontrarsi per la primogenitura.

Figli di Isacco e Rebecca, preferito dal padre il primo e dalla madre il secondo, i due gemelli avevano un temperamento molto simile a quello che ci è stato illustrato nella puntata dedicata a Jacob e a suo fratello. Infatti, al mite e tranquillo Jacob, si contrapporrà il gemello "oscuro", "l'uomo in nero", dal temperamento ombroso e vendicativo, come l'Esaù biblico, invidioso dell'amore che la madre, fin dalla nascita, riservava al fratello e desideroso di superarlo e vincerlo agli occhi di lei.

E' proprio nell'episodio citato che trova un senso tutto il linguaggio simbolico di LOST, perché darà significato anche al precipitare dei *Losties* sull'Isola, alla loro missione, al compimento del loro destino.

I due gemelli, giunti sull'Isola nel grembo della madre, verranno allevati da una figura molto inquietante che potrebbe rieccheggiare proprio l'archetipo primario del femminile: la Grande Madre, di cui abbiamo già parlato trattando il profilo di Claire Littleton.

LA GRANDE MADRE

L'archetipo della Grande Madre si rifà direttamente alla tipologia delle Dee Madri dell'antichità, quando il patriarcato non aveva ancora intaccato o messo in ombra il valore del femminile, che veniva considerato sacro ed onnipotente. Proprio questa specificità delle grandi dee del passato, maestose e potenti nel loro essere apportatrici di vita così come di morte, suggeriva a Jung la possibilità di vedere nell'archetipo sia il suo valore "luce", basato soprattutto sulla capacità di creare, nutrire e custodire la vita, sia quello "ombra", dal forte lato distruttivo, capace di sottrarre energia e vita, anziché garantirla ad ogni costo.

D'altra parte, l'uomo primitivo guardava alla divinità nei suoi molti aspetti positivi e negativi, vedendola nella sua totalità e non esprimendo giudizi di valore, sui quali il patriarcato ha poi fondato il suo potere.

Lo studioso che ha messo a fuoco e sviscerato nei suoi molteplici aspetti l'archetipo della Grande Madre è Erich Neumann, psicoanalista junghiano, nel suo "La Grande Madre". [57]

Così come Jung, anche Neumann dava all'archetipo un duplice valore, distinguendo nel femminile due caratteri, quello "elementare" che spinge a conservare ciò che è stato generato e creato, col rischio però di assumere un valore castrante nei confronti delle stesse creature e quello "trasformatore" che, promuovendo il cambiamento, può ostacolare la stagnazione e produrre illuminazione.

---

[57] E. Neumann, La Grande Madre, Astrolabio Ubaldini, Roma 1981

Questa duplice potenzialità è l'essenza stessa del femminile.

Infatti, se nella sua forma luce, l'archetipo è riassuntivo della totalità del femminile e della sua capacità di esprimere una completa integrità; se è l'espressione più bella del senso materno e della capacità di nutrire, proteggere ed amare le proprie creature, attraverso l'accoglienza e l'accettazione incondizionata del loro essere, attraverso l' "amarle per come sono" senza pretendere che diventino "altro", il suo lato ombra è oscuro e terrificante, è quello che genera maggiore angoscia ed inquietudine, quello che sottrae tranquillità, anziché aggiungere sostegno e comprensione. Infatti, nel suo lato inferiore, l'archetipo tende a bloccare l'autonomia personale, impedendo alla personalità di scegliere cosa fare della propria vita e quindi di crescere in coscienza e responsabilità.

Che il suo carattere benefico possa essere riconosciuto e valorizzato, dipende esclusivamente dal riconoscimento ed accettazione dell'altro carattere, quello elementare ed oscuro, che illuminato dall'azione raziocinante e discriminante dell'Io, può essere visualizzato, integrato e trasformato in positivo.

Se invece l'archetipo non si compie e viene mantenuto in uno stato inconscio indifferenziato, può rappresentare un ostacolo fortissimo alla realizzazione personale, all'emancipazione psicologica dell'uomo e della donna, perché impedisce che gli opposti Madre Buona o Madre Cattiva riescano ad essere visualizzati e riuniti in una forma non più bipolare, ma integrata: Madre Buona e Madre Cattiva. E' solo il contatto con entrambe le dimensioni e l'accettazione dei valori sia positivi che negativi che l'archetipo racchiude in sé, che si può giungere ad una posizione che va oltre l'archetipo, si può prendere potere su di lui e quindi riconciliare tra di loro anche tutti gli opposti e le polarità che vi si trovano al suo interno.

La matrigna dei due gemelli presentataci in LOST è quindi una figura archetipica che riassume in sé il duplice aspetto di creatrice/distruttrice, fonte di vita/causa di morte. Infatti, non esita ad uccidere la madre naturale dei due bimbi, sostituendosi a lei e non esita nemmeno ad uccidere il "gemello oscuro", nell'attimo in cui vorrà emanciparsi da lei per raggiungere la conoscenza e consapevolezza di tutto ciò che sta "al di là del mare".

La contrapposizione tra i due fratelli è seguita dagli Autori, passo dopo passo, fin dalle prime battute. L'uno biondo, l'altro scuro di capelli, l'uno vestito sempre di bianco, l'altro di nero, li abbiamo visti muovere pedine bianche e nere su un gioco antico, simbolo della lotta archetipica tra il bene e il male, dalla quale la matrigna, nel suo delirio d'onnipotenza, pensa di proteggerli.

172

La donna infatti, non si fida degli uomini, così come l'ascoltiamo affermare durante l'episodio: "Arrivano, combattono, distruggono, corrompono: è così che finisce sempre". La sua sfiducia verrà ereditata in pieno dal *Fumo Nero* che giudicherà gli uomini "avidi, manipolatori, inaffidabili ed egoisti" e conserverà nel suo cuore soltanto il sogno di lasciare l'Isola.

Il lato positivo e creativo della donna invece, la consapevolezza che "il cuore dell'Isola" sia "la sorgente, della vita, della morte e della rinascita" e che l'essere umano contenga un po' di quella "luce" dentro il suo cuore e quindi il desiderio di proteggere quella luce, perché non vada perduta come bene imprescindibile, vengono accolti invece da Jacob, il gemello che lei non preferiva ma che si dimostrerà vincente sull'altro e sul potere negativo della matrigna, nell'attimo in cui si assumerà la responsabilità di proteggere l'Isola e la sua "sorgente", affidandone in seguito la responsabilità a quanti degli *Oceanic Six* avranno superato la prova.

E' lui infatti che vediamo "dipanare il filo" nell'opera di filatura in cui assiste la madre ed è lui che ci appare come "tessitore", una volta adulto e consapevole della sua sacra missione.

Al termine di questo viaggio sulla simbologia dell'Isola, è quasi naturale pensare che Jacob possa simboleggiare quel padre Cronos il cui mito riassume la tematica principale di LOST: quella del conflitto generazionale tra padri e figli, che può evolvere attraverso il perdono.

Infatti, è Jacob che supervisiona ogni mossa degli *Oceanic Six* e li sorveglia nel loro cammino; li sceglie con uno scopo preciso, li aiuta nei momenti più drammatici, li *tocca* e li segue passo dopo passo come se fossero i suoi stessi figli, per i quali ha il compito di "tessere" un diverso destino.

Nell'ultimo episodio della Vª Stagione "The incident" ("L'incidente"), Jacob affermerà "Richiede un'eternità tessere l'intera trama", proprio perché è stata lunga l'opera di illuminare i *Losties* su come trasformare se stessi, fare di se stessi persone diverse, che non dimenticano ciò che sono state, ma che sono anche disposte a rinnovarsi per ciò che l'Isola/vita ha chiesto loro di diventare.

Nel VI/9 "Ab aeterno", Jacob parlando con Richard Alpert sul come mai non fosse intervenuto prima a salvare i *Losties* afferma: "Volevo che imparassero a distinguere il bene dal male senza i miei insegnamenti", così come nel VI/15 "Across the sea" ("Al di là del mare"), ai sopravvissuti al disastro del sottomarino, che gli chiedevano perché non li avesse lasciati stare nelle loro vite felici, Jacob risponderà: "Non vi ho sottratti ad un'esistenza felice. Vi ho scelto perché eravate tutti come me, eravate soli alla ricerca di qualcosa che non riuscivate a trovare".

Ed è proprio dopo questo discorso che Jack troverà la sua direzione, che proverà la gioia di aver "visto giusto" nel voler tornare sull'Isola, di aver compreso la sua missione ed aver avuto la forza di seguire quell'illuminazione, obbedendo al diritto imprescindibile di essere se stesso che c'è in ogni uomo. Così come Parsifal ritorna al Castello del Graal da eroe, "dopo aver cercato e sofferto", allo stesso modo ogni personaggio lostiano si fa eroe, perché trae dalla sofferenza passata forza ed illuminazione.

A questo punto Jacob diventa un simbolo di necessità, ma anche di opportunità; con lui, il mito di Cronos e le sue tre fasi archetipiche si spiegano e si compiono nel momento in cui Jacob/Cronos, abbandonata ogni arroganza e presunzione di controllo delle altrui esistenze, così come poteva apparire nelle prime Stagioni, dopo il *Tartaro* che l'aveva visto oscurato ed il suo incenerimento, obbligandolo a riconoscere ai suoi "figli", l'eroe Jack Shephard e l'antieroe Hugo Reyes la loro superiorità, permette a tutti gli altri di entrare nell' "Età dell'Oro", la fase finale del mito e simbolo d'eternità.

E' lui quel principio di necessità che porta la consapevolezza che il bene ed il male, il giusto e lo sbagliato, le esperienze positive e negative della vita, così come la gioia ed il dolore sono le facce contrapposte di una stessa medaglia chiamata "emancipazione", sono la molla evolutiva per attuare certe scelte, dopo che si siano consapevolizzati gli errori e si sia fatto tesoro dell'esperienze e degli insegnamenti ricevuti, prendendosi la responsabilità delle proprie scelte, perché si è ormai compreso il significato del termine "responsabilità".

Nel'ultimo episodio della V^a Stagione, "The incident" ("L'incidente"), Benjamin Linus, parlando con Sun e spiegandole chi fosse Jacob, dice: "E' il capo dell'Isola, John è solo il leader, un titolo che ho scoperto essere terribilmente transitorio. Tutti devono rispondere a qualcuno, il leader risponde solo a Jacob", come a significare che esiste un principio di responsabilità interno alla psiche dell'uomo, al quale lui sa di dover rispondere, prima ancora che il bisogno di rispondere ad imperativi ed obblighi stabiliti dal giudizio e dalle imposizioni del collettivo.

Questo nuovo senso di responsabilità, allineato con ciò che lui sente dentro di sé come giusto ed imprescindibile, consentirà all'individuo di non tradire mai la sua coscienza, di crescere in consapevolezza, di evolvere e "andare avanti".

Nel XVII ed ultimo episodio della VIª Stagione "The end" ("La fine"), Jack s'incontrerà in Chiesa con suo padre che, alla domanda del figlio su dove si trovino "ora" e su quale sia stato lo scopo del loro viaggio, Christian risponderà: "there's no "now" here", "non c'è nessun "ora" qui", prospettando una dimensione senza spazio e senza tempo in cui, se nelle precedenti occasioni avevano dovuto tenere presente il "qui ed ora" che stavano vivendo, adesso avrebbero potuto essere certi di aver trovato quel "luogo eterno dell'anima", che stavano cercando da una vita.

IL PERDONO, L'AMORE, IL SACRIFICIO IN LOST

LOST è una storia di perdono, d'amore e di sacrificio.

La tematica del perdono infatti, è sempre presente lungo il corso del racconto perché tutti i personaggi, chi più chi meno, verranno chiamati a risolvere i loro risentimenti, sia quelli strettamente collegati alla vita antecedente all'Isola, sia quelli che proveranno durante i flashes sideways che ci verranno illustrati nella Stagione finale, dove verrà presentata per ognuno di loro una costante psicologica fissa da affrontare di nuovo, per essere risolta ed evoluta in positivo.

E sarà proprio attraverso un gesto di perdono che potrà essere sciolta la catena archetipica che permea LOST e che vede i figli elaborare le "colpe" dei Padri ed aprirsi a quel moto di *pietas* e comprensione per chi ha dato loro la vita, secondo il concetto di fondo della religione cristiana.

Il perdono che si respira in LOST è autentico perché non nasce dal bisogno di apparire magnanimi nei confronti dell'altro o superiori in maniera distaccata. I personaggi lostiani perdonano perché riesaminano la loro vita, riprendono in mano le loro ferite e, attraverso un'analisi sincera e spassionata di se stessi, comprendono che perdonare vuol dire soprattutto "perdonarsi": riuscendo a vedere le ragioni ed i limiti dell'altro, riescono anche a calare l'esperienza in una dimensione umana, liberando se stessi da schemi illusori e negativi, che rallentano la loro emancipazione.

Scrive lo psicologo clinico Giampiero Ciappina nel suo "Manuale di Cinematerapia": "Possiamo idealmente immaginare il percorso del Perdono come un cammino a doppia spirale, ascendente e discendente. La spirale discendente affonda nelle nostre parti oscure e ne attinge forza ed energia, contemporaneamente la spirale ascendente può innalzarsi verso la luce più chiara e luminosa. La parte discendente affonda negli echi remoti della nostra storia: la vita intrauterina, la prima infanzia, i traumi rimossi. La parte ascendente si dipana nel nostro presente, dando risposte alle problematiche attuali, collegandole a quelle antiche e, mentre scioglie i nodi del presente, getta solide basi per il futuro [...] Il percorso del Perdono richiede costanza, amore, impegno e fiducia". [58]

---

[58] G. Ciappina - P. Caprini, Manuale di Cinematerapia, Utilizzare il cinema come strumento di sviluppo personale, Edizioni Istituto Solaris, Roma 2007, pag. 147

Ma LOST è anche una storia d'amore e di sacrificio.

I personaggi lostiani si vogliono bene. Li abbiamo visti spesso nel corso della storia uscire dal fitto del bosco, dall'ultimo cespuglio che divideva gli uni dagli altri ed abbracciarsi. Li abbiamo visti felici di ritrovarsi, come se quel ritrovarsi fosse anche il simbolo del ritrovare se stessi, la loro integrità, la loro bontà di fondo che si esprimeva naturalmente, al di là dei rancori personali e delle offese, che potevano averli divisi fino a quel momento.

E infine LOST è una storia di sacrificio, secondo un messaggio che ho sempre giudicato rivoluzionario rispetto a quello che il termine "sacrificio" ha solitamente evocato nell'immaginario collettivo. Il sacrificio in LOST potrebbe ricondurre direttamente all'accezione latina del "rendere sacro" (*sacrum facere*) e quindi compiere un gesto spontaneo d'amore, dove è trasceso l'Ego individuale senza alcun ritorno personale.

Perdono e sacrificio sono qualità "Anima". Appartengono alla radice femminile dell'*Eros* che è insita nella donna e nell'uomo. Non a caso, quasi tutti i personaggi di LOST vengono aiutati dai personaggi femminili con cui entrano in contatto a migliorare se stessi, ad integrare qualità femminili nel proprio lato maschile che, senza l'aiuto dell'Anima, può farsi animoso e violento, oppure tanto razionale e cinico da diventare disumano.

L'ARCHETIPO DELLO SPECCHIO

*"Noi ora vediamo in uno specchio, in enigma,
ma verrà un tempo in cui vedremo faccia a faccia
come siamo".*
S. Paolo, Lettera ai Corinzi

Il simbolo dello "specchio" è una costante di LOST.
Incontriamo per la prima volta il termine nel titolo dei due episodi conclusivi della IIIª Stagione, "Through the Looking Glass" ("Attraverso lo Specchio"), come se da quel momento in poi tutto dovesse cambiare per i *Losties*, facendo assumere all'intera storia un passo diverso.

Il titolo rievoca il poemetto di Lewis Carrol "Through the Looking Glass", che l'Autore scrisse nel 1871, a cinque anni dal suo "Alice in wonderland", libro spesso citato dagli Autori forse proprio per sottolineare il passaggio dal mondo ordinario a quello straordinario, in cui le regole della razionalità appaiono stravolte e nulla sembra seguire la logica comune.

Dopo la morte di Charlie, saranno molte le occasioni in cui i personaggi principali, in particolar modo gli *Oceanic Six*, verranno immortalati nell'atto di specchiarsi, fino a che la tematica raggiungerà il suo culmine nel VI/5 "The lighthouse house" ("Il faro"), in cui Jack Shephard, in un momento di massima frustrazione e sofferenza, farà a pezzi i molti specchi del faro perchè gli riflettono quella parte di sé che non riconosce e di cui dovrà riappropriarsi per compiere il suo destino.

Lo specchio è un simbolo preciso di ciò che l'individuo è nella sua essenza di base, è il riflesso della sua fonte originaria, allineata o meno con ciò che è e non con ciò che pensa di sè; è quindi un simbolo di verità, che rimanda un'immagine tanto chiara e vera e diretta, quanto chiaro, vero e diretto è il rapporto che lui ha con se stesso, con la sua totalità. Riflettere vuol dire anche raccogliersi in se stessi ed avviare un processo introspettivo, analizzarsi ed aprirsi a quella parte del Sé che non si conosce, allo sconosciuto interiore, che vuole essere ascoltato.

Questo momento introspettivo viene accolto dai nostri protagonisti con un moto di stupore, di meraviglia: notiamo infatti che si attardano su quell'immagine di sè come se non si riconoscessero, come se intuissero che c'è qualcos'altro da scoprire della loro natura, qualcosa da affinare, qualcosa da cambiare. Infatti, tra il soggetto che guarda l'immagine di se stesso e la stessa immagine riflessa è come se si stabilisse una terza dimensione che permette alla vista degli occhi di accedere a quella del cuore, permette il passaggio dalla limitatezza dell'Io all'infinito mondo del Sé.

Nell'episodio VI/11 "Happily Ever After" ("E vissero felici e contenti"), con l'intera Serie che volge al termine, ritroveremo in tutta la sua potenza espressiva la tematica dell'incontro con le parti negate e rimosse, un incontro che ci presenterà nuovamente le circostanze che si erano verificate in occasione della morte di Charlie allo "Specchio", quando – nel momento del sacrificio – non aveva dimenticato i compagni di viaggio, ma li aveva avvertiti del pericolo incombente; anche in quest'episodio della Stagione finale, è Charlie che torna a "risvegliare" Desmond con una durezza ed un'intransigenza che stupisce, ma solo perché Desmond non sembra capire e soprattutto rischia di rendere vano il sacrificio compiuto.

E lo fa attraverso le immagini ferme e presenti nell' "Anima" di Desmond, lo fa attraverso lo "specchio" di Penny, così come lui si era sentito tornare alla vita attraverso la visione di Claire, metafora del potere trasformante che ha l'amore per permettere l'accesso a dimensioni più allargate e più universali dell'esperienza umana, anche se pur sempre private e personalissime. Infatti, l'amore che i personaggi maschili provano verso le loro donne, il sentimento di visione di qualcosa di straordinario in cui sembrano imbattersi per caso, o che un ricordo sembra smuovere dentro di loro, è soltanto lo specchio del loro desiderio di trascendere l'esperienza e sperimentare un altro tipo d'amore, un amore più "ampio", un Amore universale.

E' per questo che Desmond, a questo punto della storia, in VIª Stagione, sarà pronto ad accogliere quell'illuminazione che gli permetterà di amare in una maniera tutta nuova, una maniera che avevano già sperimentato Charlie e Juliet e Sayid, quella che gli farà considerare anche il bene degli altri e non solo il proprio, e non solo quello di Penny o di chi fa parte della sua vita.

Non a caso il glifo di Venere, dea dell'amore e della bellezza, ricorda lo specchio e rimanda ad un simbolo di verità, contro cui nulla può fare la mente con i suoi inganni e razionalizzazioni; è un simbolo che punta soprattutto a far riflettere su quanto sia importante il rispetto e la conoscenza di se stessi, così che l'esperienza attirata dall'esterno possa illuminare la visione dei propri potenziali, del proprio valore personale, ma anche dei limiti e dei difetti su cui lavorare.

Però, perché Desmond arrivi a quest'illuminazione, non lo aiuterà una donna, né Penny, né l'ineffabile Hawking, ma lo aiuteranno due uomini: Charlie Pace, così come Desmond gli era stato vicino nell'impresa finale, e Daniel Faraday, che s'inserisce come un novello Hermes, per accompagnare Desmond alla fine del viaggio. Charlie lo farà in maniera drammatica ed improvvisa, con quel tuffo nell'acqua che deve provocare lo shock che serve alla mente per scardinare rimozioni e false motivazioni, mentre Daniel lo farà in maniera più leggera, perché inviterà Desmond a ricordare ciò che è già dentro di lui e che ha bisogno soltanto di essere risvegliato. Loro possono aiutarlo a scuotersi perché hanno già coltivato in se stessi le qualità "Anima", dopo aver attraversato la perdita dei loro attaccamenti ed il sacrificio.

In questa puntata il maschile entra in contatto col femminile, la ragione si integra con l'anima, la testa col cuore, come se gli Autori ci volessero dire che non può essere solo la ragione a condurre una vita, né mai solo i bisogni del cuore a forzare la ragione verso scelte che si rivelerebbero soltanto illusorie e deludenti.

LOST ci ha presentato più esempi di abnegazione ed attenzione all'altro: Charlie, Juliet, Sayid e Jack hanno dimostrato come il loro sacrificarsi in un momento cruciale del viaggio avrebbe potuto permettere a tutti i loro compagni di "andare avanti" e raggiungere lo stadio conclusivo e per così dire mistico che ci è stato illustrato in finale di Stagione.

Secondo la filosofia junghiana, il sacrificio vero – se da una parte non prevede un ritorno di alcun genere per chi si sacrifica – lascia invece un'"eredità" alla collettività che ne è testimone.

Charlie, Juliet, Sayid, lo stesso Jack nella puntata finale, lasciano quest'eredità: Charlie si sacrifica per Claire, ma lasciando in eredità la scritta "Not Penny's boat", permette ai suoi compagni di sospettare che la nave che è arrivata non sia lì per salvarli. Juliet si sacrifica per Sawyer, ma lasciando in eredità la frase "It worked", fa sperare a tutti gli altri che c'è qualcosa nel suo sacrificio che non lo renderà vano. Sayid si sacrifica perché ormai troppo provato, ma non prima di lasciare in eredità il consiglio di cercare Desmond, la "chiave" dell'intera storia; e infine Jack, certo che ormai solo lui potrà compiere il gesto finale di salvezza, lascia a Hugo il compito di proseguire la sua missione di guida, che Hugo porterà avanti con coraggio e dignità.

Questo fa di LOST soprattutto una grande storia d'insegnamento e riflessione, una storia che punta sui veri valori, quelli che l'umanità non deve perdere, se tiene alla sua salvezza. LOST spinge ad indagare sulle reali motivazioni dell'esistenza dell'uomo sulla terra e soprattutto aiuta ed invita

180

ad accettare la condizione imperfetta di uomini come prerequisito indispensabile a che si operino quelle trasformazioni, capaci di aprire ad un sentimento che ci vede tutti uguali, che ci vede tutti fratelli che, da dispersi, finalmente possono ritrovarsi in un unico moto di condivisione, partecipazione e compassione universale.

CONCLUSIONI

Il mio studio sulla Serie televisiva LOST finisce qui.

Nel parlare di archetipi maschili e femminili, ho cercato di sottolineare l'importanza della loro azione sulla psiche umana, ma vorrei aggiungere che essi vivono indistintamente nell'uomo e nella donna. Se vissuti in prima persona infatti, avranno una qualità più attiva, mentre saranno vissuti di riflesso quando non saranno riconosciuti, perché lontani delle personali identificazioni.

Seguendo LOST, lo spettatore potrebbe riconoscersi sia in figure maschili che femminili, identificarsi in questo o quel personaggio che sentirà affine e profondamente vicino, proprio perché si tratta di archetipi e gli archetipi non hanno genere. E' per questo che l'Eroe, il Salvatore, il Guerriero e lo Spirito possono essere sentiti vivi ed attivi anche dalla spettatrice che vi riconosce il suo "Animus" maschile, così come Artemide, Athena, Demetra o la Grande Madre possono muoversi inconsce nell' "Anima" dell'uomo, la sua parte femminile più sensibile e creativa, quella che la natura maschile tende a negare.

Ma il mio ultimo pensiero va agli Autori, che ringrazio per averci donato questo meraviglioso prodotto televisivo che ci ha accompagnato per tanti anni e che difficilmente dimenticheremo. Penso che, al di là di quello che la storia ci ha rivelato con la chiusura dell'ultima Stagione, la Serie abbia rappresentato una grande occasione per approfondire le tematiche più svariate, un lungo momento di approfondimento e di lettura interiore che ha arricchito e premiato chi ha creduto in questa Serie fin dai primi istanti: attraverso le storie così umane dei protagonisti, gli è stato possibile identificarsi in questo o in quel personaggio gioendo e soffrendo con lui, ammirandone le più belle qualità, ma anche accettando quelle tensioni e contraddizioni che albergano nell'animo umano e che la buona volontà ed il senso positivo racchiusi in ogni uomo possono aiutare a risolvere, con speranza e fiducia nella vita.

Questo perché LOST, proprio perché non ha avuto timore di affrontare il tema della morte, è stato sicuramente un prodotto che ha esaltato la vita; è stato un messaggio d'amore, di bellezza e di speranza portato avanti con coraggio, alternando storie delicate ed incantevoli ad altre più drammatiche e complesse, ma con l'invito ad interpretare quest'ambivalenza come una metafora della vita stessa, una delle più belle metafore mai scritte.

ELENCO DEGLI EPISODI

BIBLIOGRAFIA

Jung C.G., Gli Archetipi dell'inconscio collettivo, Opere, Vol. 9, Bollati Boringhieri, Torino 1997
Jung C.G., La psicologia dell'inconscio, Grandi Tascabili Newton, Roma 1989
Jung C.G., Tipi psicologici, Opere, Bollati Boringhieri, Torino 2000
Jung C.G., L'uomo e i suoi simboli, Edizioni Tea, Milano 2004
Jung C.G., Prolegomeni allo studio scientifico della mitologia, Bollati Boringhieri, Torino 1964
Jung C.G., Psicologia dell'archetipo del fanciullo, in Opere, vol. 9,1, Bollati Boringhieri, Torino 1990

G. Zukav, Una sedia per l'anima, Corbaccio Edizioni, Milano 1989
Neumann E., La psicologia del femminile, Astrolabio Ubaldini, Roma 1976
Hillman J., Fuochi blu, Adelphi, Milano 1996

Bolen J.S., Gli dei dentro l'uomo, Astrolabio Ubaldini, Roma 1994
Bolen J.S., Le dee dentro la donna, Astrolabio Ubaldini, Roma 1991

Richard A., La collina dei conigli, Rizzoli, 1987
Carotenuto A., Integrazione della personalità, Bompiani, Milano 2007

Carofiglio G., Il silenzio dell'onda, Rizzoli Editore, Milano 2011
Carofiglio G., Ad occhi chiusi, Sellerio Editore, Palermo 2003

Ciappina G.-Caprini P., Manuale di Cinematerapia, Utilizzare il cinema come strumento di sviluppo personale, Edizioni Istituto Solaris, Roma 2007

Estés C.P., Donne che corrono con i lupi, Frassinelli, Piacenza 2009
Saint-Exupéry A. de, Il Piccolo Principe, Bompiani, Milano 2000
Pearson C.S., Risvegliare l'eroe dentro di noi, Astrolabio Ubaldini, Roma 1992
Stein M., Il principio d'individuazione, Moretti & Vitali, Bergamo 2010
Eliade M., Lo sciamanesimo e le tecniche dell'estasi, Edizioni Mediterranee, Roma 1974

Greene L., Astrologia e Destino, Armenia, Milano 1995
Greene L., La ferita e la volontà di vivere, www.astro.com

Neumann E., La psicologia del femminile, Astrolabio Ubaldini, Roma 1975
Neumann E., La Grande Madre, Astrolabio Ubaldini, Roma 1981

Weiss B., Molte vite un solo amore, Oscar Mondadori, Milano 1996
Mamani H. H., Negli occhi dello sciamano, PIEMME Edizioni, Milano 2007
Sasportas H., Gli dei del cambiamento, Astrolabio Ubaldini, Roma 2000

Bohm D., Wholeness and the implicated order, Routledge, 1983
Martin C., Mapping the psiche, CPA Press, 2005
Pagels E., I Vangeli gnostici, Mondadori, 1982
Gilbert A.G., Cotterell M.M., Le profezie dei Maya, Corbaccio Editore 1996

Cayce E.E, Cayce Schwartzer G., Richards D.G., I Misteri di Atlantide, Edizioni Mediterranee, Roma 2010

Graves R., I miti greci, Longanesi, Milano 1995

Platone, Opere complete, vol. 6, Laterza, Milano 1971
Omero, Inni omerici, Sanson, Firenze 1990
Esiodo, Teogonia, BUR. 1984
I KING, Il Libro dei mutamenti, Astrolabio Ubaldini, Roma 1995
Tao Te Ching, La Vita Felice Editore, Milano 2011

www.lostpedia.com

Tutte le immagini sono tratte dalla "Ricerca Immagini" di Google

Francesca Piombo, laureata in Lettere Classiche con indirizzo archeologico, conduce da anni studi sulla psicologia analitica e sugli Archetipi dell'Inconscio Collettivo, così come teorizzati dal padre della Psicologia Analitica Carl Gustav Jung.

In qualità di Astrologa Umanistica, si occupa dal 2000 di Archetipi astrologici ed alchemici, che ha illustrato in diversi saggi comparsi su pubblicazioni e siti specializzati.

Con Lulu ha anche pubblicato "L'Alchimia Astrologica", sulle analogie tra Alchimia, Astrologia e Mito e "Arianna e le Altre", in cui ha presentato alcuni archetipi femminili storici e mitici.